BERNHARD LOSCH

Ordnungsgrundsätze der Weiterbildung

Schriften zum Öffentlichen Recht

Band 533

Ordnungsgrundsätze der Weiterbildung

Von

Dr. Dr. Bernhard Losch

Duncker & Humblot · Berlin

CIP-Titelaufnahme der Deutschen Bibliothek

Losch, Bernhard:
Ordnungsgrundsätze der Weiterbildung / von Bernhard Losch. –
Berlin: Duncker u. Humblot, 1988
　(Schriften zum Öffentlichen Recht; Bd. 533)
　ISBN 3-428-06419-4
NE: GT

Alle Rechte vorbehalten
© 1988 Duncker & Humblot GmbH, Berlin 41
Satz: Klaus-Dieter Voigt, Berlin 61
Druck: Berliner Buchdruckerei Union GmbH, Berlin 61
Printed in Germany
ISBN 3-428-06419-4

Vorwort

Der vierte Bildungsbereich, die Weiterbildung, hat durch verstärkte staatliche Regelungstätigkeit allmählich genauere Konturen gewonnen. Es erscheint daher angebracht, die maßgebenden Leitgedanken der Weiterbildungsordnung näher herauszuarbeiten, vor allem auch im Hinblick auf den Bedeutungszuwachs, der für den Weiterbildungsbereich zukünftig noch zu erwarten ist.

Die vorliegende Arbeit entstand an der Juristischen Fakultät der Universität Tübingen aus der vertieften Beschäftigung mit dem Weiterbildungsrecht. Mein besonderer Dank gilt Herrn Prof. Dr. Günter Püttner dafür, daß er die Ausarbeitung ermöglicht hat.

Tübingen, Mai 1988 B. L.

Inhaltsverzeichnis

Ausgangspunkt und Fragestellung 11
    1. Bedeutung und Aufgaben der Weiterbildung 12
    2. Arbeitsbereiche der Weiterbildung 13
    3. Bildungsplanung und Weiterbildungsgesetze 15

I. Einbindung in das Bildungssystem 18
    1. Eigenständigkeit und Einheitlichkeit 18
    2. Berufliche und allgemeine Weiterbildung 21
    3. Keine besondere Weiterbildungsaufsicht 24

II. Träger- und Angebotspluralismus 27
    1. Zur institutionellen Entwicklung der Weiterbildung 27
    2. Staatlich gesicherter Pluralismus 29
    3. Pluralismus-Kritik und Pluralismus-Schutz 30

III. Förderung als Staatsaufgabe 38
    1. Verfassungsrechtliches Förderungsgebot 38
    2. Gesetzliche Ausgestaltung 40
    3. Kommunale Förderungsaufgabe 41

IV. Kommunale Pflichtaufgaben 44
    1. Pflichtträgerschaft, Pflichtangebot, Kooperationspflichten, Ergänzungsaufgaben 44
    2. Pflichtaufgaben und Pluralismusprinzip 45
    3. Pflichtaufgaben und Selbstverwaltungsgarantie 47

V. Freiheit der Bildungsarbeit 49
    1. Selbstbestimmbarkeit von Angebot und Nachfrage 49
    2. Möglichkeiten und Grenzen staatlicher Einflußnahme 52

Inhaltsverzeichnis

VI. Allgemeinzugänglichkeit der Angebote 55
    1. Selbständigkeit und Öffentlichkeit 55
    2. Förderung im Dienst der Allgemeinheit 56

VII. Bedarfsgerechtes Angebot 59
    1. Gleichmäßige Bildungsversorgung 59
    2. Probleme der Nachfragestruktur und Angebotsplanung 60
    3. Grund- und Kernangebot 62

VIII. Kooperation 65
    1. Gesetzlich angeordnete Zusammenarbeit 65
    2. Vorteile und Grenzen der Kooperation 65

IX. Mitwirkung 69
    1. Demokratische Transparenz 69
    2. Mitwirkung und Mitbestimmung 70
    3. Mitbestimmung und Mitwirkung in kommunalen Einrichtungen 76

X. Öffentliche Verantwortung 80
    1. Offenes System 80
    2. Staatlich-gesellschaftliche Mitverantwortung 81

Literaturverzeichnis 82

Abkürzungsverzeichnis

A.	=	Auflage
a. a. O.	=	am angegebenen Ort
ABl.	=	Amtsblatt
ÄndG	=	Änderungsgesetz
AfeB	=	Arbeitsgruppe für empirische Bildungsforschung (Heidelberg)
AfK	=	Archiv für Kommunalwissenschaften
Anm.	=	Anmerkung
AöR	=	Archiv für öffentliches Recht
ASB	=	Außerschulische Bildung
BayVBl.	=	Bayerische Verwaltungsblätter
BT-Dr.	=	Bundestags-Drucksache
BVerfGE	=	Entscheidungen des Bundesverfassungsgerichts
BW	=	Baden-Württemberg
DifU	=	Deutsches Institut für Urbanistik
DVBl.	=	Deutsches Verwaltungsblatt
DVV	=	Deutscher Volkshochschul-Verband
DVO	=	Durchführungsverordnung
EB	=	Erwachsenenbildung
ebd.	=	ebenda
EBG	=	Erwachsenenbildungsgesetz
EE	=	Enzyklopädie Erziehungswissenschaft
Fn.	=	Fußnote
GABl.	=	Gemeinsames Amtsblatt
GBl.	=	Gesetzblatt
GdW	=	Grundlagen der Weiterbildung. Recht.
GG	=	Grundgesetz
GVBl.	=	Gesetz- und Verordnungsblatt
HBV	=	Hessische Blätter für Volksbildung
Hdb.	=	Handbuch
HKWP	=	Handbuch der kommunalen Wissenschaft und Praxis
HWB	=	Handwörterbuch der Erwachsenenbildung
i. d. F. v.	=	in der Fassung vom
IJEB	=	Internationales Jahrbuch der Erwachsenenbildung
JA	=	Juristische Arbeitsblätter
JZ	=	Juristenzeitung
LT-Dr.	=	Landtags-Drucksache
LVerf.	=	Landesverfassung
m. w. N.	=	mit weiteren Nachweisen
MzpB	=	Materialien zur politischen Bildung
Nds.	=	Niedersachsen
NW	=	Nordrhein-Westfalen

Abkürzungsverzeichnis

PAS	=	Pädagogische Arbeitsstelle des Deutschen Volkshochschul-Verbandes, Frankfurt a. M.
RdJB	=	Recht der Jugend und des Bildungswesens
Rn.	=	Randnummer
RP	=	Rheinland-Pfalz
S	=	Saarland
ST	=	Städtetag
Tb.	=	Taschenbuch
UP	=	Umrisse und Perspektiven der Weiterbildung
VA	=	Verwaltungsarchiv
VHG	=	Volkshochschulgesetz
VHSiW	=	Volkshochschule im Westen
VO	=	Verordnung
VVDStRL	=	Veröffentlichungen der Vereinigung der Deutschen Staatsrechtslehrer
WbG, WBG	=	Weiterbildungsgesetz
WeitBiG	=	Weiterbildungsgesetz
WEP	=	Weiterbildungsentwicklungsplanung. (Hrsg. v. Institut f. Bildungs-Betriebslehre am Forschungszentrum für objektivierte Lehr- und Lernverfahren, Paderborn)
WRV	=	Weimarer Reichsverfassung
WWB	=	Wörterbuch der Weiterbildung
ZfWRP	=	Zeitschrift für Weiterbildung in Rheinland-Pfalz
zit. n.	=	zitiert nach
ZögU	=	Zeitschrift für öffentliche und gemeinwirtschaftliche Unternehmen
Zs.	=	Zeitschrift

Ausgangspunkt und Fragestellung

Als im Zuge der Bildungsreform das gesamte Bildungswesen in die politische Diskussion geriet[1], begann auch die große Stunde der Weiterbildung zu schlagen. Nach jahrelangem Schattendasein neben Schul-, weiterführender Schul- und Berufsausbildung sowie der Ausbildung im Hochschulbereich rückte die Weiterbildung endgültig in das Blickfeld der bildungspolitischen Überlegungen. Die staatliche Bildungsplanung bemühte sich um einen Überblick über das ausgedehnte Feld der Weiterbildung und erarbeitete Vorschläge für ihre möglichst effektive Ausgestaltung[2]. Wichtigstes Ergebnis der Diskussion waren die Weiterbildungsgesetze der Länder[3]. Damit war der Weg von der grundsätzlichen verfassungsrechtlichen Anerkennung der Weiterbildung[4] über ein Mosaik punktueller gesetzlicher Regelungen[5] zu grundlegenden Ordnungsvorschriften gefunden[6]. Jedoch konnten über wesentliche

---

[1] Angeregt u.a. durch *Picht*, Die deutsche Bildungskatastrophe, 1964, vgl. *Dahrendorf*, Bildung ist Bürgerrecht, 1968; *Becker* u.a., Die Bildungsreform, 1976; *Maier*, Bildungskatastrophe, 1980.

[2] Vorangegangen war das Gutachten „Zur Situation und Aufgabe der deutschen Erwachsenenbildung" (1960); es folgten die Empfehlungen der Kultusministerkonferenz zur Erwachsenenbildung und zum Büchereiwesen 1964 und 1971 sowie der Strukturplan für das Bildungswesen (1970) und der Bildungsgesamtplan (1973). Auch in den Ländern wurden eingehende Planungsstudien erarbeitet, vgl. bes. Gesamtplan für ein kooperatives System (BW, 1968) sowie Erwachsenenbildung, Weiterbildung (NW, 1972). Weitere Hinw. in *Hürten / Beckel*, Struktur und Recht, 1966, S. 250 - 406. Vgl. auch *Schwerdtfeger / Andräs*, Bestandsaufnahme, 1970; *Meister*, Stand der Erwachsenenbildung, 1971.

[3] Außer in Berlin, Hamburg, Schleswig-Holstein in allen Bundesländern erlassen (Texte und Fundstellen in GdW); in Berlin wurden jedoch die Volkshochschulen 1969 in das Schulgesetz einbezogen (8. ÄndG z. SchulG v. 7. März 1969, GVBl. S. 337); in Hamburg wurde 1972 das Amt für Berufs- und Weiterbildung errichtet (Verfügung m.W. v. 29. Februar 1972); in Schleswig-Holstein wurden schon 1970 Entwürfe für ein Weiterbildungsgesetz eingebracht, die aber nicht weiterverfolgt wurden (vgl. *Barschel / Gebel*, Landessatzung, 1976, S. 113). Ein Vorläufer der Weiterbildungsgesetze war das Gesetz über die Zuschußgewährung an Volkshochschulen und entsprechende Volksbildungseinrichtungen in NW v. 10. März 1953 (GVBl. S. 769).

[4] Durch die Förderungsvorschriften, die nach dem Vorbild von Art. 148 Abs. 4 WRV in die Mehrzahl der Länderverfassungen aufgenommen wurden (vgl. Fn. 14).

[5] Vor allem im Bereich der beruflichen Fortbildung (vgl. Fn. 32).

[6] Zu den Weiterbildungsgesetzen vgl. bes. *Beckel / Senzky*, Management und Recht, 1974, S. 171 - 320; *Gernert*, Das Recht der Erwachsenenbildung, 1975; *Beckel*, Zur Entwicklung des Rechts der Erwachsenenbildung, 1980; *Bockemühl*, Erwachsenenbildung, 1976; *ders.*, Zur politischen und gesellschaftlichen Funktion, 1977; *ders.*, Ordnungsmodelle der Erwachsenenbildung, 1980; *Senzky*, Rechtsgrundlagen der Erwachsenenbildung, 1982; *Knoll / Pöggeler / Schulenberg*, Erwachsenenbildung und Gesetzgebung, 1983; *Kuhlenkamp*, Weiterbildung, 1983; *ders.*, Die Weiterbildungsgesetze, 1984; *Gabler / Grimmer*, Verrechtlichung der Erwachsenenbildung, 1984, S. 320 - 326.

Grundsatzfragen keine Einigkeit erzielt und viele Anregungen der Bildungsplanung nur ansatzweise verwirklicht werden. In Anbetracht der unverminderten Aktualität der Weiterbildung erscheint es an der Zeit, die Grundgedanken ihrer rechtlichen Ordnung zusammenhängend zu untersuchen und zu den umstrittenen sowie offen gebliebenen Fragen Stellung zu nehmen.

1. Bedeutung und Aufgaben der Weiterbildung

Der Gesamtbereich der Weiterbildung sorgt dafür, daß Bildungsinteressen auf allen Gebieten und auf allen Stufen jederzeit wahrgenommen werden können. Wie wichtig diese Möglichkeit ist, zeigen nicht nur die heute schon erreichten Teilnehmerzahlen von rund 10 Millionen jährlich[7], davon rund 5 Millionen in der allgemeinen Weiterbildung, rund 4 Millionen in der beruflichen Fortbildung und etwa 1 Million in der Fortsetzung einer früheren Schul- oder Berufsausbildung, sondern auch der steigende Bedarf nach Unterweisung im Umgang mit der modernen Datentechnik, das Verlangen nach verbesserter Einsicht in die Umweltprobleme und die Notwendigkeit zu vielseitiger Qualifikation und Orientierung angesichts der Situation auf dem Arbeitsmarkt. Daher gewinnt die Weiterbildung erneutes bildungspolitisches Gewicht[8].

Aber nicht nur vom inhaltlichen Ausgangspunkt, den Bildungsanforderungen und dem Bildungsstand der Gesellschaft her, wird der Stellenwert der Weiterbildung zunehmend betont, sondern auch im Hinblick auf frei werdende Ausbildungskapazitäten, die angesichts der fallenden Schüler- und Studentenzahlen zu erwarten sind und die äußeren Möglichkeiten einer wachsenden Umorientierung von der Erstausbildung auf Aufgaben einer ständigen Weiterbildung verbessern. Konnte zum Beispiel die Beauftragung der Hochschulen mit Weiterbildungsaufgaben in der Zeit ihrer restlosen Kapazitätenausnutzung durch Studentenhöchstzahlen noch nebensächlich und eher programmatisch wirken[9], wird darin zunehmend eine maßgebliche Zukunftsaufgabe von dem Zeitpunkt an gesehen, in dem nicht mehr alle verfügbare Kapazität für die Erstausbildung ausgeschöpft werden muß[10]. Freilich zeichnet sich

---

[7] Oder rund 30% der Bevölkerung im Alter von 19 bis 65 Jahren. Berichtssystem Weiterbildungsverhalten, 1982.

[8] Vgl. Zukunftsperspektiven gesellschaftlicher Entwicklungen, 1983; Weiterbildung, Herausforderung und Chance, 1984; *Erich Staudt,* Eine gewaltige Investition in das Humankapital, FAZ v. 8. 2. 1986, S. 13; *Sauberzweig,* Gesellschaftlicher Wandel, 1986; *Tietgens,* Gegenwartsaufgaben, 1986.

[9] § 2 Abs. 4 HRG.

[10] Vgl. *Raapke,* in EE, S. 418 - 422. Zurückhaltend zur studienbezogenen Weiterbildung *Roellecke,* Studienvoraussetzungen, in: Hdb. d. Wissenschaftsrechts, Berlin u. a. 1982, S. 721 - 741 (732f.); vgl. zur nichtakademischen Ausbildung, *Hans Thieme,* Deutsches Hochschulrecht, 2. A. Köln u. a. 1986, S. 429, Rn. 386.

im Hochschulbereich zunächst ein Nachholbedarf an Forschungskapazitäten ab; immerhin zeigen diese Erwägungen aber, daß neben frei werdenden Weiterbildungskapazitäten auch von einem gesteigerten Weiterbildungsbedarf auszugehen ist, was für sämtliche Bildungsbereiche gelten kann.

Die Anforderungen an eine Mobilisierung und Dynamisierung der Bildung sind nicht mehr nur beiläufig bewältigbar, sondern rücken ständig weiter in das Feld der aktuellen Bildungsaufgaben vor. Damit wächst auch die Weiterbildung neben ihrer Aufgabe als allgemeine Volksbildung und der Aufgabe zum Ausgleich von Bildungschancen stärker in den unmittelbar gesellschaftsnotwendigen Ausbildungsbereich hinein. Freilich erlauben wirtschaftliche Bedingungen nicht, in eine überwiegende Freizeit-, Informations- und Bildungsgesellschaft hineinzusteuern, die Arbeitsleistung und Weiterbildung frei vertauschbar macht und etwa das herkömmliche Bildungssystem in beliebig wahrnehmbare Weiterbildungsabschnitte auflöst[11]. Diese Vorstellung dürfte einer überholten Fortschrittsgläubigkeit entstammen. Jedoch erscheint die Weiterbildung auch gegenwärtig schon erheblich aktualisiert und vor wichtige Anforderungen gestellt.

2. Arbeitsbereiche der Weiterbildung

Der Gesamtbereich der Weiterbildung setzt sich zusammen aus beruflicher Fortbildung, politischer Bildung und allgemeiner Weiterbildung[12]. Der Ausdruck Weiterbildung wurde von der Bildungsplanung im Anschluß an frühere Verwendungen des Begriffs eingeführt[13], um einen einheitlichen Gesamtbegriff für alle Bereiche der fortgeführten Bildung zu schaffen[14]. Die Hälfte der Weiterbildungsgesetze übernahm diese neue Bezeichnung, während die

---

[11] So aber *Dahrendorf*, Bildung ist Bürgerrecht, 1968, S. 61 - 81; *ders.*, Die neue Freiheit, 1975, S. 121 123, 150 - 153; vgl. *Becker*, Auf dem Weg zur lernenden Gesellschaft, 1980, S. 344f.; *Hamm-Brücher / Edding*, Reform der Reform, 1973, S. 86 - 103; *Schmitz*, Zur Begründung von Weiterbildung, 1975 (m. w. N.).

[12] Mit diesen Bereichen wird die Weiterbildung in den meisten Weiterbildungsgesetzen umschrieben, vgl. z. B. § 1 Abs. 4 WeitBiG RP; § 1 Abs. 1 S. 2 EBG Hessen.

[13] Vgl. Strukturplan, 1970, S. 51 - 57; 197 - 214; früher schon Art. 35 LVerf. Bremen v. 12. Oktober 1947 und Grundsatzprogramm der Volkshochschulen von 1931, sog. Prerower Formel (dazu *Wirth*, in HWB, 548 - 550). – Mit diesem Begriff wurde auch an den internationalen Sprachgebrauch angeknüpft, der stärker auf die Bezeichnungen recurrent oder permanent education (bzw. éducation oder formation permanente) einschwenkte, ohne den Leitbegriff adult education zu verdrängen. Vgl. *Fischer*, Erwachsenenbildung – Weiterbildung, 1978; *Karpen*, Rechtsfragen, 1979; *Knoll*, Akzente der Erwachsenenbildungspolitik, 1981; *ders.*, in HWB, 392 - 396; *Schmitz*, in WWB, 285 - 289. – Zur Erwachsenenqualifizierung in der DDR *Siebert*, in HWB, 142 - 146.

[14] Art. 148 Abs. 4 WRV verwandte den Begriff Volksbildungswesen; daran schließen Art. 37 LVerf. RP und Art. 32 LVerf. S an, während Art. 139 LVerf. Bayern, Art. 22 LVerf. BW und Art. 17 LVerf. NW den Begriff Erwachsenenbildung bevorzugen. Nur Art. 35 LVerf. Bremen spricht von Weiterbildung.

andere Hälfte den herkömmlichen Begriff Erwachsenenbildung verwendet[15]. Dieser Begriff wird zum Teil auch in engerer Bedeutung unter Ausschluß der beruflichen Fortbildung gebraucht und besagt dann dasselbe, was mit dem Begriff allgemeine Weiterbildung gemeint ist. Die politische Bildung wird wegen ihrer staatspolitischen Bedeutung besonders hervorgehoben, ist aber dem Bereich der allgemeinen Weiterbildung zuzuordnen, die auch das Nachholen und den zusätzlichen Erwerb von Bildungsabschlüssen der Schul-, Fachschul- und Hochschulbildung umfaßt. Auch in der beruflichen Fortbildung spielt der Erwerb gesetzlich vorgesehener Ausbildungsabschlüsse eine wichtige Rolle. Daneben entwickelt die Weiterbildung außerhalb staatlich organisierter Prüfungen in zunehmendem Maß ein System eigenständiger Bildungsabschlüsse[16] und bemüht sich um deren staatliche und gesellschaftliche Anerkennung[17].

Abgesehen vom Erwerb beruflicher Abschlüsse dient die berufliche Fortbildung zum einen der berufsergänzenden Grund- und Nebenqualifikation, zum anderen der weiterführenden Bildung zur Bewältigung steigender Anforderungen und zur Verbesserung der Aufstiegschancen[18]. Dabei zählt zur beruflichen Fortbildung alles, was nicht im Rahmen der täglichen Berufspraxis, sondern auf einem besonders dafür beschrittenen Weg zur beruflichen Qualifikation beiträgt. Weiterführende Ausbildung und Fortbildung überschneiden sich in breitem Rahmen.

Die allgemeine Weiterbildung konzentriert sich auf die Vermittlung von Kenntnissen und Fähigkeiten außerhalb der schulischen und spezialisierten beruflichen Bildung[19]. In den Weiterbildungsgesetzen wird der Bereich teilweise näher charakterisiert. So nennen die Weiterbildungsgesetze in Nordrhein-Westfalen und Rheinland-Pfalz mit der personen-, familien- und freizeitbezogenen Weiterbildung die wichtigsten Sachbereiche bzw. Lernfelder[20], und

---

[15] Vgl. die Weiterbildungsgesetze in BW, Bremen, NW und RP, andererseits die Erwachsenenbildungsgesetze in Bayern, Hessen, Nds. und im S; in Hessen erging außerdem ein Volkshochschulgesetz.

[16] Vgl. *Sauer*, Erwachsenenbildung, 1976, S. 45 - 54; *Bogenschneider*, Zertifikatsprüfungen, VSHiW 1984, 249 - 252; *Paass / Rudolph*, Die ARELS-Prüfungen – eine Konkurrenz für die Volkshochschul-Zertifikate?, Zielsprache Englisch 1984, 10 - 16; *Jürgen Allesch* u. a., Zertifikate im Studium neben dem Beruf, Hagen (Fernuniv.) 1983.

[17] Vgl. z. B. § 16 WBG BW.

[18] Vgl. die Definition in § 1 Abs. 3 BerBiG; zur beruflichen Fortbildung können ferner Umschulungs-, Rehabilitations-, Resozialisierungs- und Reaktivierungsmaßnahmen zählen. Vgl. grds. *Manstetten*, in HWB, 90 - 100; *Adler, Preuß, Paulsen*, in WWB, 47 - 57; *Knoll*, Erwachsenenbildung, 1980; *Fink / Sauter*, Stand und aktuelle Probleme, 1980; *Best*, Berufliche Erwachsenenbildung, 1984; Berufsbildungsbericht NW, hrsg. v. Min. f. Wirtschaft, Mittelstand und Technologie, Düsseldorf, 1986. Vgl. auch *Dobischat*, Berufliche Weiterbildung, 1986.

[19] Näher *Tietgens*, Erwachsenenbildung, 1981; *ders.*, Einleitung, 1979; *Pöggeler*, Erwachsenenbildung, 1974; *Siebert*, Erwachsenenbildung, 1986.

[20] § 3 Abs. 1 WbG NW; § 1 Abs. 4 WeitBiG RP.

einige Durchführungsvorschriften zählen die einzelnen Fächer bzw. Lehrgebiete der allgemeinen Weiterbildung auf[21]; sie umfassen – abgesehen von den schon erwähnten abschlußbezogenen Bildungsgängen – neben typisch allgemeinbildenden Fachgruppen wie Sprachen, Naturwissenschaften, Philosophie und Kunst auch praktisch orientierte Gebiete wie manuelles und musisches Arbeiten, Haushaltsführung, Gesundheitspflege, außerdem berufsorientierte sowie politische und gesellschaftskundliche Bildung[22].

Damit bewegt sich die allgemeine Weiterbildung auf einem umfassenden Feld zwischen der beruflichen Fortbildung und den Bereichen, die überwiegend auf Unterhaltung, Sport und Geselligkeit bezogen sind. Sie erstreckt sich bis in den allgemeinen Sozialisationsbereich hinein, leistet aber gerade in den Übergangsbereichen eine für den Bildungsstand der Gesellschaft unschätzbare Informationsarbeit. Wesentlich für den Charakter als Bildungsveranstaltung ist jedoch, daß nicht nur irgendeine Information und Kommunikation gepflegt, sondern Bildungsarbeit im eigentlichen Sinne geleistet wird, daß es also um planmäßige und kontinuierliche Kenntniserweiterung unter fachmännischer Anleitung geht[23].

3. Bildungsplanung und Weiterbildungsgesetze

Die Grundlagen für die bildungspolitischen Konzeptionen zum Ausbau der Weiterbildung legte die Bildungsplanung, die sich von 1960 an auch nachdrücklich für eine stärkere Beachtung des Weiterbildungsbereichs einsetzte[24]. So wurde die Grundidee der Bildungsreform, das breite Erschließen von Bildungsreserven, auch schnell in die Weiterbildung hineingetragen. Dieser jede Art von Vorbildung weiterführende Bildungsbereich mußte besonders geeignet dafür erscheinen, eine umfassende Vertiefung der Bildung und insbesondere auch die nachträgliche Wahrnehmung von Bildungschancen herbeizuführen[25]. Damit erfuhr die Weiterbildung eine Aufwertung, die auch von der

---

[21] Z.B. § 3 der 2. WeitBiGDVO RP v. 4. März 1976 (GVBl. S. 75); § 3 Richtl. f. Zuschüsse EBG Hessen v. 26. März 1979 (ABl. S. 233), zit. n. GdW.
[22] Vgl. den Stoffplan der Volkshochschulen, Statistische Mitteilungen des DVV, Frankfurt; *Dolff*, Die deutschen Volkshochschulen, 1979.
[23] So ausdrücklich die Grundsatzbestimmungen und Förderungsvoraussetzungen der Weiterbildungsgesetze, z.B. § 2 Abs. 2 WbG NW, § 5 Abs. 1 Nr. 8 WBG BW. Die DVOen grenzen neben der Aufzählung der Fachgebiete und einzelnen Fächer z.T. noch näher gegenüber sonstigen Informationsveranstaltungen und Sozialisationsbereichen ab (Erste-Hilfe-Kurse, Führerscheinkurse, Karatekurse, Tanzkurse, Dichterlesungen, Besichtigungen, Erholung, Unterhaltung), vgl. § 1 Abs. 2 DVO WBG BW i.d.F. v. 27. April 1984 (GBl. S. 281, 287); § 2 der 2. WeitBiGDVO RP (Anm. 21); § 4 DVO EBG S i.d.F. v. 8. Mai 1980 (ABl. S. 637) sowie § 2 Abs. 1 EBG Nds. Vgl. auch *Griese*, Erwachsenensozialisation, 1976; *Kohl*, Erwachsenensozialisation, 1984; *ders.*, Erwachsenensozialisation und Erwachsenenbildung, 1986.
[24] Wie Fn. 2.
[25] Vgl. die Ausführungen im Strukturplan, 1970, und im Bildungsgesamtplan, 1973.

Vorstellung bestimmt war, daß sie über ihre ergänzende Bedeutung hinaus allmählich in stärkerem Maße zusätzliche Aufgaben der übrigen Bildungsbereiche übernehmen könnte.

Anknüpfend an diese Erörterungen entstand eine lebhafte Weiterbildungsdiskussion[26], die maßgeblich unter Bezug auf das Sozialstaatsgebot und den Versuch zur Begründung eines Rechts auf Bildung[27] die Frage in den Vordergrund stellte, ob neben dem pluralistischen Weiterbildungsangebot der verschiedenen Träger und Einrichtungen ein flächendeckendes öffentlich-rechtlich organisiertes Angebot in Form kommunaler Weiterbildungsprogramme zur Verfügung zu stellen sei[28]. Alsbald erkannten auch die Länderparlamente in der Auseinandersetzung mit der Weiterbildung eine wichtige Aufgabe. Das bildungspolitische Schlagwort von der öffentlichen Verantwortung für die Weiterbildung[29] wurde überall zur Parole[30]. So kam es gegen Ende der sechziger und zu Beginn der siebziger Jahre zu einer Art Wettlauf mit Gesetzesinitiativen sowohl zwischen den einzelnen Fraktionen als auch den Ländern im ganzen[31].

Uneingeschränkte Einigkeit herrschte darüber, daß die wichtigste Aufgabe des Gesetzgebers darin bestand, sich zur öffentlichen Verantwortung für die Weiterbildung zu bekennen, den Stellenwert der Weiterbildung als eines selbständigen Bildungsbereichs zu bekräftigen und die staatliche Förderung der Weiterbildung zu regeln, d. h. der bewährten Förderungspraxis den gesetzlich verbindlichen Rahmen zu geben. Schwierigkeiten erhoben sich im Hinblick auf die berufliche Fortbildung, da in Sachfragen der Berufsbildung einschließlich der Fortbildung konkurrierende Bundeskompetenzen bestehen[32] und der Bundesgesetzgeber auch die Ausbildungsförderung in seine Regelungen aufgenommen hatte[33]. Zur inhaltlichen und organisatorischen Gestaltung der

---

[26] Grds. *Tietgens*, Orientierungsgesichtspunkte zur Weiterbildungsdiskussion, 1975.

[27] *Brinckmann / Grimmer*, Rechtsfragen der Weiterbildung, 1974; vgl. *Bocklet*, Öffentliche Verantwortung, 1975; grds. *Richter*, Bildungsverfassungsrecht, 1973; *Heymann / Stein*, Das Recht auf Bildung, 1972; *Clevinghaus*, Recht auf Bildung, 1973; *Reuter*, Soziales Grundrecht auf Bildung, 1974; (vgl. dazu *Oppermann*, Nach welchen rechtlichen Grundsätzen, 1976, S. 16 - 18, 87). Vgl. neuerdings *Ramm*, Bildung, Erziehung und Ausbildung, 1983; Staatszielbestimmungen/Gesetzgebungsaufträge, 1983, S. 122; *Gabler / Grimmer*, Verrechtlichung, 1984, S. 318f. Vgl. auch § 1 WeitBiG RP.

[28] So bes. auch Strukturplan für den Aufbau des öffentlichen Weiterbildungssystems, 1975.

[29] Vgl. schon Zur Situation und Aufgabe, 1960, S. 903.

[30] Weithin auch im Schrifttum aufgegriffen, vgl. statt vieler *Becker*, Weiterbildung und öffentliche Verantwortung, 1971. Zur Parallele hins. d. Berufsbildung *Richter*, Öffentliche Verantwortung für berufliche Bildung, 1970. Zur Parallele hins. d. Jugendbildung vgl. auch die Jugendbildungsgesetze, die in einigen Ländern ergangen sind.

[31] Näher *Losch*, Weiterbildung als kommunale Aufgabe, 1985, S. 39 - 45.

[32] Art. 74 Nr. 7, 11, 12, 13, 17, 19 GG (mit entsprechenden gesetzlichen Bestimmungen, vgl. z.B. BerBiG, HwO, AFG, BetrVG, BAföG, SGB, SHG). Vgl. auch Fn. 114.

[33] So neben SGB und SHG vor allem im AFG und BAföG.

3. Bildungsplanung und Weiterbildungsgesetze

beruflichen Fortbildung konnte der Landesgesetzgeber daher insoweit keine Stellung nehmen. Sollte der berufliche Bereich nicht völlig unbeachtet bleiben, erhob sich die Frage – vor allem in Anbetracht der zugrundegelegten Einheit des Weiterbildungsbereichs – in welchem Verhältnis allgemeine und berufliche Weiterbildung zu sehen und welche Möglichkeiten einer etwa für erforderlich gehaltenen Verbindung in Betracht zu ziehen sein konnten[34].

Bezüglich der allgemeinen Weiterbildung war die Frage, wieweit auf sachliche Voraussetzungen der Förderung eingegangen und die Bildungsgebiete näher konturiert sowie die Bildungsarbeit bestimmten Anforderungen unterworfen werden sollte; ferner spitzte sich hier die Grundsatzdebatte um ein staatlich-kommunal getragenes Weiterbildungssystem zu. Die Entscheidung fiel aber weder einseitig zugunsten öffentlich-rechtlich[35] noch allein aus dem gesellschaftlichen Bereich heraus organisierter Weiterbildungsangebote[36]. Vielmehr konnten nur Kompromißlösungen verwirklicht und nur ansatzweise ein kommunales Pflichtangebot eingeführt werden.

Die Verfechter des traditionellen Träger- und Angebotspluralismus und seiner weitestgehend unbeeinflußten Selbstorganisation mußten sich im Interesse einer möglichst effektiven und breiten Bildungsarbeit um Systematisierung und ausgeglichene Angebotsleistungen[37], die Verfechter eines kommunalen Angebotssystems im Interesse von Vielseitigkeit und Konkurrenz um eine Abstimmung mit den freien Angeboten bemühen[38]. Im Ergebnis setzten sich die unterschiedlichen Standpunkte in den verschiedenen Ländern ganz unterschiedlich durch und führten zu teilweise stark voneinander abweichenden Weiterbildungsgesetzen. So entstand eine erheblich differenzierte Rechtslage, ohne daß die zugrundeliegenden bildungs- und verfassungspolitischen Fragen rechtlich näher untersucht und befriedigend beantwortet wurden. Daher besteht zugleich eine anhaltende Konfliktlage, die immer wieder zu Auseinandersetzungen und zu Reformüberlegungen Anlaß gibt[39].

---

[34] Näher unten I, 2.
[35] Aus dem Schrifttum vor allem Strukturplan für den Aufbau des öffentlichen Weiterbildungssystems, 1975.
[36] Aus dem Schrifttum vor allem *Pöggeler*, Erwachsenenbildung, 1974, S. 212, 229, 262 f.
[37] Ebd., S. 271 - 280.
[38] Vgl. *Keim / Olbrich / Siebert*, Strukturprobleme der Weiterbildung, 1973; im Anschluß an die inzwischen ergangenen Weiterbildungsgesetze *Hamacher*, Entwicklungsplanung, 1976, S. 24 - 30.
[39] So hins. d. Einführung kommunaler Pflichtaufgaben in RP, vgl. ZfWRP 1979, H. 4, 1980, H. 1, 2 (zur inzwischen ergangenen Novellierung die Beiträge in ZfWRP 1986, H. 4) oder umgekehrter Überlegungen in NW, vgl. *Pappermann*, Zur Einengung der kommunalen Selbstverwaltung durch staatliche Bürokratie, DVBl. 1981, 1040 - 1046 (1044f.); *Ellwein*, Gesetzes- und Verwaltungsvereinfachung in Nordrhein-Westfalen, DVBl. 1984, 255 - 262 (257); vgl. die Neufassung des EBG Nds., dazu *Knoll / Pöggeler / Schulenberg*, Erwachsenenbildung und Gesetzgebung, 1983. Zum bayerischen Förderungsstreit unten III, 3.

I. Einbindung in das Bildungssystem

1. Eigenständigkeit und Einheitlichkeit

Schon in Art. 148 Abs. 4 WRV (1919) wurde die Weiterbildung als Gesamtbereich des Bildungssystems aufgefaßt, damals unter dem Sammelbegriff „Volksbildungswesen" im Unterschied zur Schul- und Hochschulbildung. Diese zusammenfassende Bezeichnung war jedoch eher vom besonderen Anliegen der verfassungsrechtlichen Stellungnahme her bestimmt, im Hinblick auf die Weiterbildung eine umfassende öffentliche Förderungsaufgabe anzuerkennen[40]. Jedoch lassen frühere Fassungen der Förderungsbestimmung, die Weiterbildungsangebote durch öffentliche Anstalten vorsahen[41], erkennen, daß die Weiterbildung auch inhaltlich und systematisch als eigenständiger, einheitlicher Bildungsbereich aufgefaßt wurde. Die praktische Entwicklung in der Weimarer Republik war außerdem durch eine zunehmende Standortbestimmung innerhalb der Weiterbildung und größere Zusammenschlüsse der Weiterbildungsbewegungen gekennzeichnet[42] und betonte nachhaltig den Gedanken der eigenständigen Stellung und Bedeutung im Bildungssystem. Verstärkt wurde die integrative Entwicklung durch die Zusammenfassung der Weiterbildungsorganisationen und ihre Gleichschaltung zu einem Instrument der Machtpolitik im Dritten Reich[43].

Während die Förderungsvorschrift in der WRV die Weiterbildung also eher äußerlich unter einen Sammelbegriff stellte, die Entwicklung in der Weimarer Zeit eine Erweiterung, Vertiefung sowie bildungstheoretische Durchdringung brachte und die anschließende Unterjochung zu organisatorischer und inhaltlicher Vereinheitlichung drängte, setzte mit der Wiederaufbauphase nach dem Krieg zunächst ein starkes Unabhängigkeitsbestreben der Träger und Einrichtungen, ein gewaltiger Aufgabenzuwachs vor allem zur Auffüllung kriegsbedingter Bildungslücken sowie ein organisatorischer, sachlicher und systemati-

---

[40] Vgl. *Mausbach*, Kulturfragen, 1920, S. 7 - 12; *Weinreich*, Volksbildung, 1924; *Kühn*, Volksbildung, 1930; *Landé*, Bildung und Schulen, 1930.

[41] Vgl. *Ebers*, Die Verfassung, 1919, S. 80, 87; *Mausbach*, Kulturfragen, 1920, S. 7 - 12; *Landé*, Bildung und Schulen, 1930.

[42] Dazu *Hennigsen*, Der Hohenrodter Bund, 1954; *ders.*, Die Neue Richtung, 1954; *Laack*, Das Zwischenspiel freier Erwachsenenbildung, 1978; *Dräger*, Historiographie, 1984, S. 81 - 84. Vgl. auch *Picht*, Das Schicksal der Volksbildung, 1950.

[43] Dazu Geschichte der Erwachsenenbildung, 1975, S. 78 - 95; *Keim / Urbach*, Volksbildung, 1976.

1. Eigenständigkeit und Einheitlichkeit

scher Ausbau innerhalb der einzelnen Weiterbildungsbereiche ein[44]. Die Aufwärtsbewegung führte zu enormer Verbreiterung und Spezialisierung der Weiterbildungsangebote sowie zu vertiefter wissenschaftlich-didaktischer Erfassung und zu wachsender Systematisierung[45].

Vor allem die gesteigerte Bedeutung der abschlußbezogenen Weiterbildung, die zunächst einen großen Nachholbedarf zu bewältigen hatte, sich aber besonders im beruflichen Bereich und im Bereich der gehobenen Bildungsabschlüsse als wachsende Daueraufgabe etablierte[46], ließ den Zusammenhang zwischen der Weiterbildung und dem übrigen Bildungssystem stark hervortreten. Einerseits schien damit der nach wie vor im Vordergrund stehende ergänzende Charakter der Weiterbildung betont zu werden[47], andererseits aber ließ diese bildungspolitische Aufgabe der Weiterbildung ihre Bedeutung als Auffangbecken und Erweiterung des Bildungssystems stärker bewußt und auch größere Aufmerksamkeit für die Komplementärfunktion in den übrigen Bereichen der politischen und Allgemeinbildung wach werden. Gleichzeitig wurde das Verständnis dafür geweckt, daß die Entwicklung allmählich zu einer Verlagerung von Bildungsaufgaben in die Weiterbildung hinein und damit zu einer Entlastung der voraufgehenden Bildungsbereiche führen könnte.

Die aus der ergänzenden und weiterführenden Bedeutung der Weiterbildung ableitbare Vorstellung eines Bildungssystems hinter dem Bildungssystem liegt der in der Bildungsplanung herausgearbeiteten Auffassung von der Eigenständigkeit der Weiterbildung zugrunde, die ein selbständiges Aufgabenspektrum zu erfüllen hat und darin zugleich als einheitlicher Bildungsbereich erscheint. Daneben war das Bekenntnis der Bildungsplanung auch von dem Bestreben getragen, über die Eigenständigkeit der Weiterbildung und ihre grundsätzliche Gleichgewichtigkeit im Bildungssystem die staatliche Förderung für ihren Ausbau zu gewinnen.

Die Weiterbildungsgesetze machen sich den progressiven Standpunkt der Bildungsplanung zu eigen und heben die Weiterbildung als eigenständigen gleichberechtigten Bildungsbereich hervor[48]. Sie betonen damit, daß die Weiterbildung Bildungsaufgaben in einem umfassenden Zusammenhang zu leisten hat, in den die übrigen Bildungsbereiche gemeinsam einmünden. In der Aus-

---

[44] Dazu *Feidel-Mertz*, Erwachsenenbildung, 1975; Geschichte der Erwachsenenbildung, 1975, S. 96 - 106.
[45] Dazu *Feidel-Mertz*, Erwachsenenbildung, 1975; *Fetten-Gschaider*, Erwachsenenbildung, 1978.
[46] Ebd. auch näher zu diesem pragmatischen Kurs der Weiterbildung, im Volkshochschulbereich als realistische Wende bezeichnet.
[47] Grds. *Oppermann*, Kulturverwaltungsrecht, 1969, S. 67; ders., Bildung, 1985, S. 732 - 739.
[48] So in den Eingangsbestimmungen fast aller Weiterbildungsgesetze, vgl. § 1 Abs. 2 EBG Nds.

sage, daß die Weiterbildung als gleichberechtigter Bildungsbereich zu gelten habe, oder, wie teilweise noch hinzugefügt wird, als ein Hauptbereich des Bildungswesens[49] oder ein integrierter Teil des Bildungssystems[50] liegt nicht nur eine grundsätzliche Aufwertung der Weiterbildung, sondern auch das Bekenntnis zu ihrer adäquaten Beachtung im Rahmen des gesamten Bildungssystems und ihrer weiteren Entwicklungsfähigkeit als Teilbereich des Gesamtsystems[51].

Es ist zwar nicht zu verkennen, daß diese Bestimmungen deutlich programmatischen Charakter tragen und nicht in genau bestimmbare praktische Folgen umsetzbar sind, sie bringen aber unmißverständlich zum Ausdruck, daß die Weiterbildung nicht nur einen irgendwie praktisch bgründbaren bildungspolitischen Stellenwert hat, sondern als Teilbereich des staatlichen Bildungssystems anzuerkennen und zu behandeln ist. Die Gleichstellung mit den übrigen Bildungsbereichen verlangt, daß nicht nur eine Sicherung und Minimalförderung gewährleistet werden soll, sondern eine am Status als vergleichbarer Bildungsbereich orientierte Beachtung verlangt wird. Der Grundsatz der Eigenständigkeit und Einheitlichkeit erscheint so als Richtlinie, an der sich sämtliche Regelungen zu orientieren haben.

Schwierigkeiten bereitet die Frage, wieweit der Landesgesetzgeber auch Weiterbildungsbereiche, für die Bundeskompetenzen bestehen, in diesen Rahmen einbeziehen konnte. Hinsichtlich der konkurrierenden Bundeskompetenzen[52] läßt sich jedoch davon ausgehen, daß Einzelregelungen durch den Bundesgesetzgeber die Grundsatzbestimmung durch die Länder nicht ausschließen, soweit neben bundesgesetzlichen Regelungen Raum dafür bestehen bleibt. Freilich könnte der Bund unter den Voraussetzungen des Art. 72 Abs. 2 GG jederzeit Zuordnungen vornehmen, die den landesgesetzlichen Rahmenbestimmungen insoweit den Boden entziehen. Jedoch dürfte der Bund dazu angehalten sein, den Grundsatzanliegen der Länder nach Möglichkeit Rechnung zu tragen[53].

Da insoweit keine Konkurrenz mit bundesgesetzlichen Regelungen bestand, konnte die Begriffsbestimmung der Weiterbildung in den Ländergesetzen auch die berufliche Fortbildung einbeziehen und den Grundsatz der

---

[49] So Art. 1 S. 1 EBG Bayern.
[50] So § 1 Abs. 1 S. 1 WBG Bremen.
[51] Weniger programmatische Formulierungen begnügen sich mit dem Hinweis darauf, daß die Weiterbildung einen Teil des Bildungswesens darstelle oder eine enge Zusammenarbeit mit den übrigen Bildungsbereichen bestehe, vgl. § 1 Abs. 1 S. 1 EBG S; § 1 Abs. 2 EBG Hessen.
[52] Wie Fn. 32. Vgl. *Bockemühl,* Berufliche und allgemeine Erwachsenenbildung, 1979.
[53] Was schon aus der Systematik des Art. 72 GG folgt, ohne daß ein Rückgriff auf den Grundsatz des länderfreundlichen Verhaltens als Aspekt der Bundestreue notwendig oder zulässig wäre.

Eigenständigkeit und Einheitlichkeit auch darauf erstrecken. Dieser Grundsatz will im übrigen keine künstliche Trennung in Überschneidungsbereichen der Aus- und Fortbildung herbeiführen, sondern nur einen Rahmen für den Weiterbildungsbereich ziehen.

Hinsichtlich der Bundeskompetenz für die Fortbildung im öffentlichen Dienst[54] bleiben die Weiterbildungsgesetze der Länder unbeachtlich. Es ist allein in das Ermessen des Bundesgesetzgebers gestellt, wieweit er diesem Fortbildungsbereich eigenständige Bedeutung zuerkennen will[55]. Auch der Landesgesetzgeber ist hinsichtlich der näheren Regelungen zur Fortbildung im Landesdienst nicht den allgemeinen Weiterbildungsgesetzen unterworfen; andererseits dürfte er den grundsätzlichen Aussagen in den Weiterbildungsgesetzen nicht widersprechen können. Wieweit aber der Grundsatz der Einheitlichkeit nahelegt, ein integriertes Fortbildungsprogramm unter Einschluß allgemeiner und politischer Bildung vorzusehen, oder der Grundsatz der Eigenständigkeit im Verein mit der Gleichberechtigung mit den übrigen Bildungsbereichen eine Relativierung bestimmter Bildungsanforderungen und eine Durchlässigkeit des Laufbahnprinzips anregen kann, bleibt der Kompetenz für den Sonderbereich vorbehalten. – Außerdem bedeutet die Gleichstellung mit den übrigen Bildungsbereichen nicht, daß ein staatliches oder staatlich anerkanntes Abschlußsystem im Bereich der Weiterbildung zu entwickeln ist, das mit anderen Bildungsabschlüssen konkurrieren kann. Die Weiterbildungsgesetze entfalten keine solche über ihren Regelungsbereich hinausgehende Wirkung.

2. Berufliche und allgemeine Weiterbildung

Das Einheitlichkeitsprinzip in der Weiterbildung, zugleich aber auch der programmatische Charakter der Ordnungsgrundsätze für die Weiterbildung wird unterstrichen, wenn – wie im Bremer WBG – das Ziel ausgesprochen wird, die Integration der politischen, beruflichen und allgemeinen Weiterbildung zu bewirken[56]. Das integrative Gestaltungsprinzip wurde in der Bildungsplanung zu einem Leitgedanken erhoben[57]. Es sollte vor allem der Auseinanderentwicklung von beruflicher Fortbildung und allgemeiner Weiterbildung entgegenwirken. Ähnlich wie bei der Diskussion um das dualistische

---

[54] Art. 73 Nr. 8, Art. 75 Nr. 1 GG; vgl. § 48 BRRG. – *Knoll / Meinecke,* Institutionen, 1980, S. 15 - 21.
[55] Aus der Fürsorgepflicht des Dienstherrn abgeleitet, vgl. *v. Münch,* Öffentlicher Dienst, in: Bes. Verwaltungsrecht, 1985, S. 1 - 89 (47f.); jedoch dürfte ein unmittelbares Sachinteresse beteiligt sein.
[56] § 2 Abs. 2 Nr. 3 WBG Bremen.
[57] Vgl. Zur Situation und Aufgabe, 1960, S. 880 - 882; Strukturplan, 1970, S. 51; Bildungsgesamtplan, 1973, S. 59. Vgl. auch *Pflüger,* in EE, S. 358 - 362.

Prinzip in der Berufsausbildung[58] wurde an besondere berufliche Fortbildungsstätten gedacht, an denen die praktische mit der allgemeinen einschließlich der politischen Bildung im Verbund gelehrt und wahrgenommen werden könnte[59].

Grundsätzlich leuchtet das integrative Konzept auch ein, denn die Weiterbildung baut geradezu darauf auf, daß durch die berufliche Sozialisierung Bildungsbedürfnisse, Bildungsinteressen und Bildungsverständnisse geweckt werden, die im linearen Bildungsgang an Schule und Hochschule nicht zum Zug kommen können, und umgekehrt ein allgemeiner Bildungszuwachs die berufliche Einsicht fördert und sowohl zu persönlicher als auch beruflicher Kompetenz- und Kapazitätserweiterung führt und damit dem einzelnen und gleichzeitig der Gesellschaft größere Potentiale auf allen Lebensgebieten erschließt. Weiterbildung erweist sich unter diesem Gesichtspunkt nicht nur als Bildungsergänzung und nachträgliche Bildungserweiterung, sondern als Bildungskonzeption, die nicht nur eine pädagogisch-philosophische, sondern zugleich auch eine stark sozialdynamische Seite hat und damit leistungsfähigere Modelle für die Gesamtentwicklung bieten kann als einspurige Ausbildungen. So bewirkt und verlangt der technisch-kulturelle Fortschritt einen rigorosen Bedeutungszuwachs der Weiterbildung auf allen Gebieten, aber zugleich eine Dynamisierung der allgemeinen Sozialisation. Jedenfalls kann die stillschweigende berufspraktische Fortbildung die vielfach aus dem Geschirr laufenden Anforderungen nicht mehr bewältigen, zugleich kann eine rein fachliche Fortbildung die gesteigerten Bedürfnisse nach allgemeiner Weiterbildung nicht erfüllen; vielmehr erscheint ein Verbundangebot die unvermeidliche Aufgabe zu sein.

Diesen Überlegungen trägt das Bremer WBG über das sonst abgegebene Bekenntnis zur Einheitlichkeit der Weiterbildung hinaus Rechnung. Dieselben Gedanken liegen auch Weiterbildungsregelungen zugunsten von Funktionärsaufgaben wie nach § 37 BetrVG zugrunde, in diesen Fällen jedoch zugeschnitten auf die besondere und gerade die Berufspraxis übergreifende Aufgabenstellung[60]. Unmittelbar auf die integrative Konzeption bezogen sind vor allem die Bildungsurlaubsgesetze, die verbesserten Zugang zur berufs- und fortbildungsbegleitenden allgemeinen Weiterbildung schaffen und den für dringend erforderlich gehaltenen Ausgleich zwischen den Bildungsbereichen ermöglichen sollen[61]. Der Anspruch auf Sonderurlaub für·Weiterbildung

---

[58] Vgl. *Edding*, Entwicklungstendenzen des Dualen Systems, 1977.
[59] Vgl. *Giesecke*, Allgemeinbildung, Berufsbildung, politische Bildung, 1972; *Gernert*, Das Recht der Erwachsenenbildung, 1975, S. 133 - 138; vgl. auch *Axmacher*, Integration, 1982; *Lehmann*, Das integrative Konzept, 1982.
[60] Vgl. Gemeinsam lernen, solidarisch handeln, 1983.
[61] Bildungsurlaub als Teil der Weiterbildung, 1975; *Hafeneger*, Bildungsurlaub, 1981; *Nuissl*, in EE, S. 370 - 373.

wurde noch nicht in allen Ländern eingeführt. Es ist umstritten, wieweit auf diesem eher punktuellen Weg Bildungsinteressen mobilisiert werden können und eine sinnvolle Ergänzung der Berufspraxis erreicht werden kann[62]. Ältere Initiativen zu integrativen Bildungsbemühungen stellen etwa die Zusammenarbeit zwischen Gewerkschaften und Volkshochschule[63] oder die allgemeine Weiterbildungsarbeit der Gewerkschaften[64] dar. Darin klingt der emanzipatorische Charakter an, der den Bemühungen um ein Hineintragen von Allgemeinbildung in die Berufspraxis ursprünglich vor allem zu eigen war, aber auch die Diskussion um die Bildungsurlaubsgesetze mitbestimmt hat, und der neben der bildungspraktischen Seite der integrativen Konzeption auch ein modernes sozialpolitisches Anliegen darstellt. Das Bestreben, Emanzipation durch Bildung zu fördern, liegt ebenso der politischen Bildung zugrunde, die den aufgeklärten, politisch informierten und sozialbewußten Bürger zum Ziel hat[65]. Im übrigen setzt sich der wechselseitig fördernde Effekt zwischen beruflicher und allgemeiner Weiterbildung auch in die politische Bildung hinein fort und schließt den Kreis der persönlichkeitsbezogenen, beruflichen, sozialen und politischen Bildungsaufgaben.

Das bildungstheoretische Programm der integrativen Weiterbildung und die praktische Durchführbarkeit sind jedoch zwei völlig verschiedene Seiten. Was für bestimmte berufliche Bildungsgänge an einheitlicher Stoffplanung erforderlich und möglich ist, kehrt sich im Bereich der allgemeinbildenden Angebote in die Antwort auf einen differenzierten Interessenpluralismus um, der nicht mit bestimmten Einheitsprogrammen bedient werden kann. Vielmehr bedarf es in diesem Bereich des offenen Gesamtangebots und der freien Auswählbarkeit. Auf jeden Fall darf der Gedanke der Integration nicht in Verschulung, Vereinseitigung oder ein Bildungsdiktat umschlagen. Schon aus dieser Sicht sind dem integrativen Angebot Grenzen gesetzt und erscheinen feste Verbundprogramme nur beschränkt einsetzbar. Außerdem scheitert die Idee einer programmintegrierten Fortbildung wie bei der beruflichen Erstausbildung daran, daß sich die berufliche Bildung größtenteils nicht von den Arbeitsstätten wegverlegen läßt, sondern nur im Kontakt mit dem Arbeitsplatz und der praktischen Erfahrung bei der Berufstätigkeit geleistet werden kann. Daher erbringen die betriebliche bzw. die überbetrieblich zusammengefaßte, aber betriebsbezogene und die sonstige, auf der praktischen Tätigkeit

---

[62] *Görs,* Zur politischen Kontroverse, 1978; *Nuissl / Sutter,* Rechtliche und politische Aspekte, 1984; *dies.,* Teilnahme am Bildungsurlaub, 1984; *Güttler,* Zur verfassungsrechtlichen Einordnung des Bildungsurlaubs, 1986.
[63] Im Bildungswerk Arbeit und Leben, vgl. *Wirth,* in HWB, S. 45 f.
[64] Vgl. *Knoll / Meinecke,* Institutionen, 1980, S. 36 - 50; *Brammerts,* Die Bildungsarbeit der Gewerkschaften, 1982.
[65] Vgl. *Görs,* Bildungsurlaub als Teil emanzipatorischer Bildung, 1986; ferner *Sutor,* Neue Grundlegung politischer Bildung, 1984; *Claussen,* Politische Bildung, 1986; vgl. die Beiträge in ASB, 1984, H. 1.

aufbauende Berufsfortbildung im Bereich der Wirtschaft auch weitaus den größten Anteil der beruflichen Fortbildung[66], ganz abgesehen von der Fortbildung im öffentlichen Dienst. Das breite Spektrum der allgemeinen und politischen Weiterbildung und die Vielfalt der geforderten Bildungsangebote läßt sich nur durch eine selbständige Programmorganisation angemessen bewältigen. Jedoch leistet die Bildungsarbeit im Bereich der Wirtschaft durch Zusatz-, Parallel- und Allgemeinangebote auch ein ausgedehntes Programm der allgemeinen Weiterbildung; umgekehrt beteiligen sich die Organisationen der allgemeinen Weiterbildung außerhalb der Wirtschaft an der beruflichen Fortbildung mit umfangreichen berufsbezogenen Bildungsprogrammen[67]. Auf diese Weise haben sich praktische Wege der gegenseitigen Ergänzung der beiden Bildungsbereiche entwickelt. Insgesamt schält sich am Beispiel der Integrationsproblematik deutlich heraus, was prinzipiell für die Weiterbildung gilt, daß Integration und Koordination an inhaltliche und organisatorische Grenzen stößt, dagegen ein optimierendes Regulativ im Grundsatz der Kooperation erkennbar wird[68].

3. Keine besondere Weiterbildungsaufsicht

Der Grundsatz von der Einbindung der Weiterbildung in das Bildungssystem hat angesichts der Weiterbildungsvielfalt und ihrer Begründung im freiheitlichen Gesellschaftssystem nicht nur praktische, sondern auch rechtliche Grenzen zu beachten. Die grundrechtlich durch Art. 12 Abs. 1, 9 Abs. 1, 5 Abs. 1 und 2 Abs. 1 GG geschützte individuelle und kollektive Handlungsfreiheit im Rahmen der Rechts- und Verfassungsordnung[69] verträgt keine verfassungsrechtlich nicht abgestützten Verpflichtungen auf bestimmte gesellschaftspolitische Ziele. Daher kann der Grundsatz von der Einbeziehung der Weiterbildung in das Bildungssystem und ihrer Gleichstellung mit anderen Bildungsbereichen nicht bedeuten, daß der Weiterbildungsbereich zugleich der staatlichen Betreuung in demselben Ausmaß anheimzustellen ist, wie es für die anderen Bildungsbereiche gilt. Doch könnte die Vorstellung von der systematischen Zuordnung der Weiterbildung zum Bildungssystem auch auf eine Ausdehnung der staatlichen Einflußnahme abzielen.

---

[66] Vgl. Stand und Perspektiven der beruflichen Weiterbildung, 1984.
[67] Vgl. *Knoll / Meinecke*, Institutionen, 1980; Berichtssystem Weiterbildungsverhalten, 1980, 1982.
[68] So haben sich in Bremen lebhafte Initiativen entwickelt, unterstützt durch die besondere gesetzliche Förderung, vgl. Kooperation zur beruflichen Qualifizierung in Bremen, Das gewerblich-technische Bildungszentrum, hrsg. v. GBZ u. Landesamt f. Weiterbildung; vgl. § 1 Abs. 1 S. 4, § 2 Abs. 2 Nr. 3, § 4 Abs. 2 Nr. 3 WBG Bremen i. V. m. § 5 Nr. 4. 1 Richtl. WBG Bremen v. 30. Juli 1976 i. d. F. v. 1. Dez. 1983, ABl. S. 469 (zit. n. GdW, Bre 2.1).
[69] Grds. *Lange*, Die verfassungsrechtlichen Grundlagen der freien Träger, 1977.

3. Keine besondere Weiterbildungsaufsicht

Der Weiterbildungsbereich ist ohnehin durch umfassende staatliche Unterstützung geprägt, die ihn weitgehend öffentlich institutionalisiert erscheinen läßt[70] und die gerade im Rahmen der Weiterbildungsgesetze genauere Grundlagen erhielt. Damit ist ein gewisser ordnender Einfluß verbunden. Eine völlige Zuordnung zur staatlichen Verantwortung wäre im Aufbau eines öffentlich-rechtlich organisierten Weiterbildungssystems zu sehen, das ähnlich wie Schule und Hochschule der staatlichen Regie und staatlich getragenen Sonderverantwortung anvertraut wäre. Diese Ausdehnung der staatlichen Verantwortung für die Weiterbildung wurde schon anläßlich der Aufnahme der Förderungsbestimmung für die Weiterbildung in die WRV diskutiert[71] und – wie erwähnt – in der Weiterbildungsdiskussion wieder aufgegriffen. Ein entsprechendes Verständnis der Förderungsgebote, die nach dem Vorbild der WRV in die Länderverfassungen aufgenommen wurden[72], würde jedoch verkennen, daß der Förderungsbegriff nicht einseitig zugunsten eines praktischen Einsatzes und staatlichen Ordnungsauftrages ausgelegt werden kann, außerdem die Förderungsvorschriften ausdrücklich von einer pluralistischen Weiterbildungsstruktur ausgehen und am grundrechtlichen Freiheitsbereich in dieser Hinsicht nichts ändern wollen, daher grundsätzlich auch nicht mehr als eine unterstützende staatliche oder kommunale Weiterbildungstätigkeit tragen[73]. Ebensowenig können sie als Rechtfertigung für staatliche Ordnungseingriffe über den sachlich notwendigen Zusammenhang mit der Förderung der Weiterbildung hinaus verstanden werden. Dem Gesetzgeber ist allerdings ein gewisser Ausgestaltungsbereich zuzugestehen; doch darf der Rahmen eines vornehmlich den Gesamtbereich unterstützenden Verhältnisses zwischen Förderung, praktischem Einsatz und die Bildungsarbeit betreffenden Ordnungsbestimmungen nicht überschritten werden.

Insbesondere bezieht sich auch die staatliche Schulaufsicht[74] nur auf einen fest umgrenzten Begriff des Schulwesens[75] und entfaltet nur in diesem Bereich die schulbezogene Gestaltungsmacht des Staates[76]. So schließt der völlig davon abgehobene und weit ausgreifende Weiterbildungsbereich, der in den Länderverfassungen teilweise unter Hinweis auf die verschiedenen Träger und Einrichtungen verdeutlicht wird, eine organisatorische Anbindung an den Schulbereich und Unterwerfung unter die dafür geltende staatliche Regelungsmacht aus[77]. Vielmehr beginnt mit dem Weiterbildungsbereich die freie

---

[70] Vgl. *Oppermann,* Bildung, 1985, S. 733.
[71] Vgl. oben Fn. 41.
[72] Vgl. oben Fn. 14.
[73] So grds. auch *Schmidt,* Förderung der Erwachsenenbildung, 1953, aber unter Hinweis auf eine ersatzweise staatlich-kommunale Angebotspflicht; *Menzel,* Gutachten, 1963, unter Hinweis auf die sozialstaatliche Aufwertung des Förderungsgebots.
[74] Art. 7 GG und entsprechende Regelungen in den Länderverfassungen.
[75] *Hemmrich,* in: v. Münch, GG-Komm., Bd. 1, 2. A., 1981, Art. 7, Rn. 4f.
[76] Zur Schulaufsicht *Oppermann,* Bildung, 1985, S. 724 - 726.

gesellschaftliche Initiative und Organisationsberechtigung, die nur soweit sie schulische Bildungsabschlüsse mit staatlicher Anerkennung vermitteln will, der staatlichen Schulaufsicht unterliegt. Das gilt auch für staatliche oder kommunale Weiterbildungseinrichtungen, die zwar der öffentlichen Regie und der jeweiligen Aufsicht für den Verwaltungsbereich nach den jeweils geltenden Vorschriften unterworfen, aber nicht zugleich in die Schulaufsicht einbezogen sind; die verfassungsrechtlichen Förderungsgebote lassen sich in diesem Fall nicht in eine Erstreckung der schulischen Aufsichtskompetenz umdeuten[78]. Mit der Einbeziehung der Berliner Volkshochschulen in das Berliner Schulgesetz wurde diese Rechtslage zugleich klargestellt und für die Aufsicht eine entsprechende Sonderregelung getroffen[79].

Grundlagen für eine staatliche Regelungskompetenz geringeren Ausmaßes können sich neben der Förderungskompetenz auch aus den Kompetenzbestimmungen zur beruflichen Aus- und Fortbildung ergeben[80]. Sie verlangen ebenfalls jeweils eine Abstimmung mit den Freiheitsrechten; im wesentlichen sehen sie sich mit dem Berufsgrundrecht konfrontiert und müssen daher sorgfältig im Rahmen der Verhältnismäßigkeit angewandt werden. Daher stellen sie keine freie Handhabe für die Durchsetzung allgemeiner bildungspolitischer Anliegen dar. Eine besondere Weiterbildungsaufsicht über den Zusammenhang mit der Kompetenzwahrnehmung hinaus kann daraus jedenfalls nicht abgeleitet werden; nur in deren Rahmen ist der Staat zur Einflußnahme auf das Weiterbildungssystem berechtigt. Jedoch erlauben die Förderungsbestimmungen und sonstigen Kompetenzen eine maßvolle Betreuung, die auf Dauer erfolgreicher sein kann als eine einschneidende Regelungsmacht.

---

[77] *Lange*, Die verfassungsrechtlichen Grundlagen, 1977, S. 50 - 57. Vgl. *Janson*, Die Pflicht des Staates, 1980, S. 57 - 141, 286f.
[78] So aber *Spitta*, Kommentar, 1960, S. 91.
[79] §§ 52, 53 SchulG B i. d. F. v. 11. April 1984 (GVBl. S. 542).
[80] Oben Fn. 32; vgl. *Lange*, Die verfassungsrechtlichen Grundlagen, 1977, S. 57 - 59.

II. Träger- und Angebotspluralismus

1. Zur institutionellen Entwicklung der Weiterbildung

In der heute anzutreffenden Organisation des Weiterbildungsbereichs verbindet sich die historische Entwicklung mit der bestehenden Verfassungsordnung. Gleichzeitig wird ein gesteigertes staatliches Interesse am Weiterbildungsbereich spürbar. In der historischen Entwicklung[81] lassen sich zwei Hauptlinien verfolgen, die bürgerlich-liberale und sozialemanzipatorische Bildungsbewegung, beide aus dem geistigen Aufbruch der Aufklärungszeit hervorgegangen und heute noch in der teilweise gegensätzlichen Auffassung von den vornehmlichen Aufgaben der Weiterbildung nachwirkend[82]. Beide Bestrebungen versuchten Anhängerschaft und Wirkungsfelder in der Form von Vereinen und Gesellschaften zu finden. Auf die Gründung von Lese-, Theater- und Vortragsgesellschaften im höfisch-bürgerlichen Bereich gegen Ende des 18. und um die Wende zum 19. Jahrhundert folgte alsbald die Entstehung von Handwerker- und Arbeiterbildungsvereinen; hier ging es weniger um Bildungsideale an sich, als vielmehr um die soziale Situation. Während die bürgerlichen Bildungsvereine zu einer verbreiterten Bildungsbewegung fanden, aus der 1871 die Gründung der Gesellschaft für Verbreitung von Volksbildung hervorging[83], mündete die Arbeiterbildung vor allem in die politische Parteibewegung[84].

Gegen Ende des 19. und zu Beginn des 20. Jahrhunderts entstand die Lesehallen-, die Volkshaus- und die Volkshochschulbewegung[85], gleichzeitig mehrten sich die Aktivitäten der parteipolitisch getragenen, der gewerkschaftlichen, betrieblichen, durch Arbeitgeber- und Berufsverbände veranstalteten und der kirchlichen Weiterbildung[86]. Heute dominiert sachlich-inhaltlich die

---

[81] Vgl. *Balser*, Die Anfänge der Erwachsenenbildung, 1959; *Dräger*, Volksbildung in Deutschland, 1979; ders., Historiographie, 1984; Geschichte der Erwachsenenbildung, 1975.

[82] Vgl. *Dikau*, Erwachsenenbildung zwischen Affirmation und Kritik, 1972; *Strzelewicz*, Technokratische und emanzipatorische Erwachsenenbildung, 1972; *Ruprecht*, Was soll und vermag Erwachsenenbildung, 1978.

[83] *Dräger*, Die Gesellschaft für Verbreitung von Volksbildung, 1975; *Wirth*, in HWB, 298 - 300.

[84] *Feidel-Mertz*, Zur Geschichte der Arbeiterbildung, 1968; *Röhrig*, in HWB, 46 - 50.

[85] Vgl. *Vogel*, Volksbildung, 1959; *v. Erdberg*, Fünfzig Jahre freies Volksbildungswesen, 1924.

berufliche Fortbildung, die weitgehend im wirtschaftlichen Bereich geleistet wird. Trägergruppen sind hier vor allem Betriebe, Gewerkschaften, Arbeitgeberverbände, Berufsverbände und Kammern[87]. Neben der beruflichen Fortbildung erfährt die allgemeine Weiterbildung zunehmende Nachfrage, deren Angebote vor allem von den Kirchen und Volkshochschulen bereitgestellt werden[88]. In der politischen Bildung tritt außerdem auch die Arbeit der Parteien und der Bundeszentrale sowie der Landeszentralen für Politische Bildung hervor. Kennzeichnend für die Gesamtentwicklung ist die vornehmlich private Form, in der sich die Weiterbildung institutionell entfaltet und durchgesetzt hat und die bis heute diesen Bildungsbereich prägt. So lehrt ein Blick in eines der Adressenverzeichnisse der Weiterbildung, welche Fülle an Einrichtungen – vor allem in privater Trägerschaft – heute alle in der Bildungsarbeit tätig sind bis hin zu vielen kommerziellen Unternehmen, an denen weiterführende Qualifikationen erlangt werden können[89].

In die von der privaten Initiative bestimmte Gesamtentwicklung schaltete sich immer stärker das staatlich-öffentliche Interesse ein, zunächst durch vielerlei Förderungsmaßnahmen wie finanzielle Unterstützung, Schirmherrschaften und Bereitstellung von Räumlichkeiten, schließlich durch Beteiligung an privaten und ergänzt durch eine zunehmende Zahl staatlicher und kommunaler Gründungen, vor allem von der Lesehallen-, Volkshaus- und Volkshochschulbewegung an[90]. Charakteristisch für die erfolgreiche Ausbreitung der Volkshochschulen in der Weimarer Zeit wurde der teil- oder quasikommunale Verein, dessen Satzung die Zusammenarbeit zwischen Verein und Kommune näher festlegte[91]. Das staatlich-öffentliche Interesse an der Weiterbildung wurde auch verfassungsrechtlich institutionalisiert, indem Art. 148 Abs. 4 WRV die staatliche und kommunale Förderung des Volksbildungswesens zum Leitsatz erhob[92].

Die Volkshochschulen waren zum Teil zwar von Ablehnung gegenüber jeder staatlichen oder kommunalen Mitsprache bestimmt, was ihnen trotz

---

[86] Zur weiteren Entwicklung vgl. Erwachsenenbildung zwischen Romantik und Aufklärung, 1969; *Picht*, Das Schicksal der Volksbildung, 1950; Geschichte der Erwachsenenbildung, 1975; *Feidel-Mertz*, Erwachsenenbildung, 1975; *Fetten-Gschaider*, Erwachsenenbildung, 1978.

[87] Vgl. *Knoll / Meinecke*, Institutionen, 1980, S. 23 - 28.

[88] Zur neueren Entwicklung vgl. Berichtssystem Weiterbildungsverhalten, 1980, 1982; *Keim / Urbach*, Zur rechtlichen und politischen Bedeutung eines pluralen Weiterbildungssystems, 1981.

[89] Vgl. Adreßbuch f. Pädagogik, 1978; Adressendokumentation Weiterbildung, 1980.

[90] Vgl. *Hürten / Beckel*, Struktur und Recht, 1966, S. 53f.; *v. Erdberg*, Fünfzig Jahre, 1924.

[91] Vgl. *v. Erdberg*, Fünfzig Jahre, 1924, S. 57 - 59.

[92] „Das Volksbildungswesen, einschließlich der Volkshochschulen, soll von Reich, Ländern und Gemeinden gefördert werden".

Gleichschaltung im Dritten Reich später teilweise einen politischen Kredit sicherte[93], konnten aber auf die Zusammenarbeit mit Staat und Kommunen nicht verzichten, und in der Weimarer Zeit nahmen kommunale Neugründungen sowie auch Überleitungen in kommunale Trägerschaft zu[94]. Diese Kommunalisierungstendenz verstärkte sich deutlich nach 1945 und wurde später teilweise durch die Weiterbildungsgesetze fortgeführt[95]. Heute befinden sich knapp 60% aller rund 900 Volkshochschulen (mit rund 3900 Außenstellen) in kommunaler Trägerschaft. Bei der überwiegenden Zahl der Vereinsvolkshochschulen ist die Zusammenarbeit mit den Kommunen durch Satzung institutionalisiert.

Neben der kommunalen Beteiligung an der Weiterbildungsorganisation entstanden vielerlei staatliche Weiterbildungsinstitutionen und -arbeitsbereiche, so vor allem zur Fortbildung im öffentlichen Dienst, zur beruflichen Fortbildung im Rahmen der Bundeswehr, zur politischen Bildung und zur schulischen sowie zur sozialen Weiterbildung in Form von besonderer fachlicher Bildung, zur Umschulung und Rehabilitation, außerdem zur Weiterbildung im Rahmen der Hochschulen[96]. Damit wird der weit überwiegend privat organisierte Weiterbildungsbereich teilweise durch staatliche und kommunale Trägerschaften ergänzt. Im Vordergrund stehen die kommunalen Volkshochschulen, die einen wesentlichen Anteil am Angebot der allgemeinen Weiterbildung leisten.

2. Staatlich gesicherter Pluralismus

Die verfassungsrechtliche Rechtslage ist von den beiden Grundpositionen bestimmt, daß die Selbständigkeit der gesellschaftlichen Initiativen garantiert und dieser privat getragene Tätigkeitsbereich[97] durch die öffentliche Unterstützung gesichert wird. Zunächst wurde das Förderungsgebot der WRV in die meisten Länderverfassungen übernommen[98]. Außerdem wurde das Prinzip der freien, gegen staatliche Bevormundung geschützten Gesellschaft in Form

---

[93] Vgl. *Feidel-Mertz*, Erwachsenenbildung, 1975, S. 18.
[94] Vgl. *v. Erdberg*, Fünfzig Jahre, 1924; *Haenisch*, Neue Bahnen der Kulturpolitik, 1921, S. 114f.; *Weinreich*, Volksbildung, 1924.
[95] *Gutsche*, Volkshochschule und kommunale Selbstverwaltung, 1965; *Senzky*, Volkshochschule als kommunale Aufgabe, 1982; Statistische Mitt. des DVV.
[96] Vgl. Weiterbildung 1972 - 1974, 1977; *Knoll / Meinecke*, Institutionen, 1980; Adressendokumentation, 1980. Vgl. *Weinberg*, Stand der Forschung, 1984, S. 34 - 36.
[97] Einschließlich der Weiterbildungsarbeit durch die öffentlich-rechtlich verfaßten Kirchen (vgl. Art. 140 GG i. V. m. Art. 137 WRV).
[98] Oben Fn. 14. Nicht übernommen wurde die Förderungsvorschrift in Berlin und Hessen; kein Anlaß zur Übernahme bestand bei den Verfassungen von Hamburg, Niedersachsen und Schleswig-Holstein, die sich auf Bestimmungen zur Staatsorganisation beschränken. Gleichwohl besteht auch hier eine staatliche Förderungspflicht, vgl. unten III, 1.

der grundsätzlich für jedes staatliche Handeln rechtsverbindlichen Grundrechte verfassungsrechtlich festgeschrieben[99]. Die private Bildungsarbeit kann daher nicht behindert oder zurechtgestutzt werden. Andererseits kann es dem Staat nicht verwehrt sein, sich ebenfalls am Bildungsangebot zu beteiligen und für die staatliche Förderung der Bildungsarbeit sowie die staatliche Anerkennung von Bildungsabschlüssen Qualitätsmaßstäbe zu setzen. Wesentlich für die freiheitliche Gesellschaftsordnung ist jedoch, daß dem Staat jede Indoktrination untersagt ist, er seine Angebote sachlich neutral auszugestalten hat[100], und eine allgemeine Inpflichtnahme zur Beteiligung an Weiterbildung so wenig in Frage kommt[101] wie grundsätzlich ein Ausschluß von seiner Bildungsleistung. Im Ergebnis wurde der historisch entwickelte Träger- und Angebotspluralismus durch das Förderungsgebot ausdrücklich anerkannt[102] sowie durch das Bekenntnis zur freiheitlichen Gesellschaftsordnung zum Verfassungsprinzip erklärt[103]. Außerdem wurde durch das Förderungsgebot die Weiterbildung in das Blickfeld des staatlichen Interesses gerückt. Mit der Zunahme dieses Interesses verstärkten sich auch die Überlegungen, ob und wieweit die vornehmlich privat getragene pluralistische Weiterbildungsordnung noch als angemessene Organisationsform betrachtet werden kann.

3. Pluralismus-Kritik und Pluralismus-Schutz

Besonders für den Bereich der allgemeinen Weiterbildung wurden Mängel der pluralistischen Weiterbildungsordnung geltend gemacht[104], und obwohl es hier viel weniger als bei der beruflichen Fortbildung um einen praktischen Effekt für die soziale Stellung des einzelnen Teilnehmers geht, schien gerade hier das Hauptfeld sozialer Bildungsprobleme zu liegen und die Bildungsgerechtigkeit zu kurz zu kommen. Ein Grund dafür war sicher, daß mit Reformvorstellungen über Ausbau und Umorganisation im beruflichen Bereich nicht allzu frei umzugehen war, da sich der notwendige Kontakt mit der Praxis nicht ersetzen ließ. Um so eifriger wurde die allgemeine Weiterbildung als Reformfeld betrachtet, um die bildungspolitische Aufbruchstimmung der Bildungsreform zur Geltung zu bringen[105]. Daran zeigt sich etwas von dem theoretischen

---

[99] Eingehend *Lange*, Die verfassungsrechtlichen Grundlagen, 1977 sowie oben I, 3 und die Nachw. in Fn. 125.
[100] Vgl. unten VI, 1.
[101] Es besteht grds. kein Erziehungsauftrag gegenüber Erwachsenen, vgl. ausdr. BVerfGE 22, 1980 (219f.) – Jugendwohlfahrt, Sozialhilfe –. Vgl. *Bull*, Die Staatsaufgaben, 1977, S. 318 - 321.
[102] Teilweise auch unter Hinweis auf die verschiedenen Träger und Einrichtungen, z. B. in Art. 17 LVerf. NW.
[103] Grds. *Häberle*, Die Verfassung des Pluralismus, 1980.
[104] Statt vieler *Tietgens*, Orientierungsgesichtspunkte, 1975, S. 11 - 35.
[105] Vgl. aber schon *Menzel*, Gutachten, 1963.

3. Pluralismus-Kritik und Pluralismus-Schutz

Charakter der Weiterbildungsdiskussion, die deutlich von ihren Ausgangspunkten, der Schul- und Hochschulbildung her geprägt war und die dafür entwickelten Leitgedanken einfach auf die Weiterbildung übertrug[106].

Beherrschender Gesichtspunkt war der Gedanke der Bildungsgleichheit und Bildungsgerechtigkeit, zusammengefaßt mit dem Leitgedanken der sozialen Chancengleichheit[107], die verlange, daß mit dem Schlagwort „Weiterbildung für alle"[108] endlich praktischer Ernst gemacht werde. Hauptmangel des pluralistischen Weiterbildungsangebots stellten die erheblichen gesellschaftlichen Verzerrungen dar, denen die pluralistische Trägerorganisation notwendig unterliege, indem sie mit ihren Trägergruppen und ihren Angeboten von der größten Nachfrage her, also von bildungs- und sozialprivilegierten sowie gruppenbezogenen Interessen bestimmt werde[109] und damit die soziale Ungleichheit noch festige und vertiefe, wo umgekehrt ein Abbau von Bildungsschranken und mehr Bildungsbreite höchstes Gebot sein müßten[110]. Eine durchgängige staatliche oder kommunale Vorsorge erweise sich daher als unentbehrlich, um überall ein gleich ausgestaltetes und wahrnehmbares, umfassendes Angebot zu gewährleisten[111].

Weniger unter so pointiert sozialer Perspektive, sondern in erster Linie von der inhaltlichen Konzeption her erachtet eine weitere Kritik das pluralistische Angebot als ungenügend. So wird der Mangel an systematischer Einheitlichkeit, Vollständigkeit und Ausgewogenheit beanstandet. Mit seiner Wechselhaftigkeit verhindere das pluralistische Angebot, die Weiterbildung zu einem leicht erschließbaren, komplex und kontinuierlich nutzbaren sowie umfassenden Bildungsbereich auszubauen. Unter diesem Gesichtspunkt könne dem Staat nicht eine lediglich stützende und ergänzende Rolle zufallen, vielmehr bedürfe es zugleich einer zentralen Angebotsleistung über die unentbehrliche Koordination und Kooperation hinaus[112].

---

[106] Vgl. die Nachw. in Fn. 11 und 27.
[107] Vgl. *Balser*, Die Anfänge, 1959, S. 25 ff.; *Picht*, Die deutsche Bildungskatastrophe, 1964, S. 31; *Becker*, Weiterbildung, 1975, S. 257, 402; *Sauberzweig*, Thesen, 1975, S. 183; *Bocklet*, Öffentliche Verantwortung, 1975, S. 123 - 127.
[108] *Eckstein*, Weiterbildungschancen für alle, 1982.
[109] Oder von den herrschenden sozio-ökonomischen Interessen, die gar kein pluralistisches Angebot zustandekommen ließen, vgl. *Edding*, Struktur, 1974, S. 105 - 107.
[110] Vgl. *Strzelewicz*, Forschungen über Erwachsenenbildung, 1978 (m.w.N.); vgl. auch Berichtssystem Weiterbildungsverhalten, 1980, 1982.
[111] Zur Pluralismus-Kritik unter diesem Gesichtspunkt bes. *Brinckmann / Grimmer*, Rechtsfragen der Weiterbildung, 1974, S. 67 - 175; ausf. *Bubenzer*, Grundlagen für Staatspflichten, 1983, S. 176 - 215.
[112] Vgl. *Tietgens / Mertineit / Sperling*, Zukunftsperspektiven, 1970, S. 7 - 174; *Tietgens*, Orientierungsgesichtspunkte, 1975; *Keim / Olbrich / Siebert*, Strukturprobleme, 1973; Strukturplan für den Aufbau, 1975; vgl. *Bocklet*, Öffentliche Verantwortung, 1975, S. 128 - 133.

Diese Forderung wurde alsbald auch in rechtliche Begriffe gekleidet und schließlich als Ausdruck eines „Grundrechts" auf Weiterbildung und als Bestandteil des Sozialstaatsgebots verstanden[113]. Damit wurden jedoch Maßstäbe aus Bildungsbereichen mit verbindlich ausgeformten Berechtigungssystemen auf die allgemeine Weiterbildung übertragen, an deren gesellschaftspolitischer Bedeutung zwar kein Zweifel besteht, an der sich aber vergleichbare soziale Steuerungsmechanismen nicht in derselben Weise festmachen lassen. Dazu ist dieser Bildungsbereich viel zu inhomogen und weit gespannt, da er vom staatlich anerkannten und weiterführenden nachträglichen Bildungsabschluß bis in die völlig beliebige und unverbindliche Freizeitbeschäftigung hineinreicht, die sich in keiner Weise mehr mit Bildungsgerechtigkeit in Verbindung bringen läßt. Eher trifft dieser Gesichtspunkt auf die Bereiche der Weiterbildung zu, in denen es um die unmittelbare Verbesserung der Lebenssituation geht, so neben der beruflichen Fortbildung vor allem das Nachholen von Bildungsabschlüssen, die Umschulung und die Rehabilitation; hier sind aber neben der Vorsorge der Wirtschaft für die berufliche Fortbildung in größerem Umfang staatliche und kommunale Institutionen tätig und wird besondere staatliche Unterstützung gewährt[114]. Gerade auf diese Sonderbereiche zielte die Pluralismus-Kritik jedoch am wenigsten ab; auch die berufliche Fortbildung war schon zum Gegenstand eigenständiger staatlicher Planung und Förderung gemacht und konnte ihrer besonderen Differenzierung und Rückbindung an die Praxis wegen nicht für ein einheitliches öffentliches Vorhalteprogramm in Betracht gezogen werden.

Die Forderung nach einer gleichmäßigen öffentlich-rechtlich getragenen Infrastruktur auf dem Gebiet der allgemeinen Weiterbildung unterschätzt aber die mangelnde Vergleichbarkeit mit allgemeinen Informations- und Freizeitinteressen auf der einen Seite und andererseits mit gezielten, existenzbegründenden Ausbildungsinteressen. Die allgemeine Weiterbildung liegt vielmehr zwischen diesen Bereichen und ist gekennzeichnet durch besonders individuelle Erkenntnisinteressen, die weder mit flächendeckenden Standardangeboten[115] noch überhaupt durch ausgesprochene Bildungsangebote allein

---

[113] Vgl. bes. *Brinckmann / Grimmer*, Rechtsfragen, 1974; *Bubenzer*, Grundlagen, 1983; ferner schon *Menzel*, Gutachten, 1963, bes. S. 5 - 7 (in Anlehnung an die Lehre von der Daseinsvorsorge, dazu *Bubenzer*, Grundlagen für Staatspflichten, 1983, S. 148 - 173); *Tietgens / Mertineit / Sperling*, Zukunftsperspektiven, 1970, S. 175 - 205; *Bungenstab*, Weiterbildung als Sozialpolitik, 1975; neuerdings *Gabler / Grimmer*, Verrechtlichung, 1984, S. 318f.

[114] *Knoll / Meinecke*, Institutionen, 1980, S. 29 - 36 sowie die Berufsförderungswerke (*Tews*, in HWB, 575) und bes. AFG, BerBiG, HwO, RehabAnglG, SchwbG, BVG sowie Aktionsprogramme, Durchführungsanweisungen, Erlasse und Anordnungen der Bundesanstalt für Arbeit (GdW, Bund 9.2., 3, 4), ferner u. a. die Empfehlungen der Handwerks-, Industrie- und Handelskammern zur Zusammenarbeit mit der Bundesanstalt für Arbeit bei der individuellen Förderung der beruflichen Fortbildung und Umschulung v. 11. 3. 1985 (GdW, Bund 9.2, S. 201).

3. Pluralismus-Kritik und Pluralismus-Schutz

befriedigt werden können[116]. Der Weiterbildungsbedarf setzt vielmehr an den verschiedensten Informationsquellen an, unter denen das Bildungsprogramm nicht einmal die überwiegende Kenntnisvermittlung leistet. Außerdem besteht schon eine vielfältig ausgebaute, weitgehend staatlich und kommunal mitgetragene und mitfinanzierte Weiterbildungsstruktur, die auf differenzierte Bildungsbedürfnisse eingestellt ist.

Im übrigen sind Unterschiede im Bildungsangebot und Bildungsinteresse keineswegs grundsätzlich mit Defiziten der Versorgung und mit Benachteiligungen gleichzusetzen, sondern können auch einem differenzierten Bildungsbedarf entsprechen. So muß zwischen sinnlosen Pauschal- und besonders teilnehmerorientierten Angeboten differenziert werden[117]. An einem Nachholbedarf in dieser letzten Hinsicht, der auch eine wesentlich wirksamere Bildungsberatung und Bildungswerbung einzuschließen hat[118], besteht kein Zweifel. Insofern ist ein staatlich-kommunaler Einsatz über die Fremdförderung hinaus höchst wünschenswert. Seine ergänzende und bereichernde Wirkung[119] entspricht auch völlig dem Wesen des pluralistischen Angebots. Unter diesem Gesichtspunkt hat das öffentlich-rechtlich organisierte Weiterbildungsprogramm im neutralen demokratischen Staat grundsätzlich eine natürliche Berechtigung und Aufgabe als Bildungsvermittlung, die an keine besondere Gruppe oder bestimmte politische und weltanschauliche Einstellung gebunden ist[120]. Zugleich kann das amtliche Angebot Aufgaben einer systematisierten Stoffwahl und Darbietung erfüllen.

Der Kritik an der inhaltlichen Uneinheitlichkeit des pluralistischen Angebots ist entgegenzuhalten, daß gerade darin auch sein Zweck und seine Stärke liegen[121]. Den Weiterbildungsbereich strikt zu systematisieren, würde das Ende einer überall ansetzenden, allen Bildungsinteressen dienenden Bil-

---

[115] Vgl. *Tietgens*, Die Erwachsenenbildung, 1981, S. 74 - 95; ferner oben Ausgangspunkt, 2; grds. *Schmitz*, Erwachsenenbildung als lebensweltbezogener Erkenntnisprozeß, 1984.

[116] Näher dazu Berichtssystem Weiterbildungsverhalten, 1980, 1982.

[117] Vgl. *Vesper*, Instrumente, 1979; *Breloer / Dauber / Tietgens*, Teilnehmerorientierung, 1980; *Güttler / Spitzner*, Pluralismus, 1981, S. 410 - 414; *Mader*, Zielgruppenorientierung, 1982. – Näher unten VII, 2.

[118] Dazu Weiterbildungsberatung als kommunale Aufgabe, 1981; *Braun / Erhardt*, Weiterbildungsberatung für Erwerbslose, 1981; Beratungsstellen für Weiterbildung, 1983; *Reuter*, Weiterbildungsberatung, 1984.

[119] Vgl. *Edding*, Struktur, 1974; *Eckstein*, Weiterbildungschance für alle, 1982.

[120] So das traditionelle Selbstverständnis der ausschließlich für ihre Bildungsaufgabe tätigen Volkshochschulen, womit sie besonders geeignet sind für die Zusammenarbeit mit den Kommunen und die Übernahme in kommunale Trägerschaft, vgl. *Dolff*, Die deutschen Volkshochschulen, 1979; *Eckstein*, Weiterbildungschance, 1982; *Weller*, Volkshochschulen, 1984.

[121] Vgl. neben vielen anderen Erwachsenenbildung in der pluralen Gesellschaft, 1978; *Rüther*, Staat und Erwachsenenbildung, 1979; *Güttler / Spitzner*, Pluralismus, 1980; *Keim / Urbach*, Zur rechtlichen und politischen Bedeutung, 1981.

dungsaufgabe bedeuten und sich gegen den eigentlichen Auftrag der Weiterbildung wenden, über die systematisch aufgebauten Bildungsbereiche hinausgehende Bildungsbedürfnisse aufzugreifen. Der Weiterbildungsbereich stellt daher nur als offenes System[122] ein der demokratischen Gesellschaft entsprechendes Tätigkeitsfeld dar. Für die notwendige Koordinierung, Systematisierung und Transparenz haben Wettbewerb und Kooperation zu sorgen; so wird mit der selbstverständlichen Förderungsvoraussetzung, daß es sich um Bildungsarbeit im eigentlichen Sinne zu handeln hat[123] und zur Kooperation beizutragen ist[124], einer zuträglichen Systematisierung vorgearbeitet.

Schließlich übergeht die pauschale Parteinahme für einen Ausbau staatlicher und kommunaler Trägerschaften auch die rechtlichen Grundlagen des Träger- und Angebotspluralismus, die nicht nur die freiheitlich organisierte Bildungstätigkeit ermöglichen, sondern diese auch vor der staatlichen Intervention schützen wollen[125]. Freie Initiativen können daher nicht ohne ausreichende Rechtfertigung zurückgedrängt werden[126]. Die allgemeine Bezugnahme auf den Sozialstaatsgrundsatz reicht dafür nicht aus. Auch das teilhaberechtliche Verständnis der Freiheitsrechte[127] ändert nichts daran, daß es in erster Linie Aufgabe des Staates ist, die gesellschaftliche Eigeninitiative zu fördern und zu schützen und nicht, an deren Stelle zu treten[128]. Die teilhaberechtliche Seite der Grundrechte dient vielmehr der gleichberechtigten Wahrnehmbarkeit im Rahmen bestehender Entfaltungsmöglichkeiten, bedeutet aber nicht, daß der Staat alle Entfaltungsmöglichkeiten selbst bereitzustellen hat[129]. Allenfalls im Rahmen staatlicher Leistungsmonopole können staatliche Einräumungspflichten in Betracht kommen. Ein allgemeiner Anspruch auf speziell staatliche Versorgung mit Weiterbildungsangeboten läßt sich daher nicht begründen.

---

[122] Vgl. bes. *Eckstein*, Weiterbildungschance, 1982.

[123] Unten V, 1 mit Fn. 213.

[124] Unten VIII, 1.

[125] Dazu *Lange*, Die verfassungsrechtlichen Grundlagen, 1977. Vgl. *Köttgen / Dolff / Küchenhoff*, Die Volkshochschule, 1962, S. 11 - 32; *Hürten / Beckel*, Struktur und Recht, 1966, S. 77 - 139; *Beckel*, Zur Problematik, 1972; *Beckel / Senzky*, Management und Recht, 1974, S. 171 - 320. Vgl. auch *Karpen*, Lebenslanges Lernen, 1979. Hins. der beruflichen Bildung *Richter*, Öffentliche Verantwortung, 1970, S. 23 - 71.

[126] Grds. *Rupp*, Die Unterscheidung von Staat und Gesellschaft, 1987, S. 1209 - 1215, 1217f.

[127] Dazu grds. *v. Münch*, GG-Komm., Bd. 1, 3. A. 1985, Vorbem. Art. 1 - 19, Rn. 17 - 22; vgl. *Martens*, *Häberle*, Grundrechte im Leistungsstaat, 1972; *Müller / Pieroth / Fohmann*, Leistungsrechte, 1982. – Für die Weiterbildung *Bubenzer*, Grundlagen, 1983; *ders.*, Grundrechtsordnung, 1981; ferner die w. N. in Fn. 113.

[128] Grds. *Rupp* (Fn. 126), S. 1201 - 1203; *Zacher*, Das soziale Staatsziel, 1987, S. 1104, 1106; für eine teilhaberechtlich begründete Durchdringung *Karpen*, Auslegung, 1987, S. 77 - 86.

[129] BVerfGE 33, 303 – Hochschulzugang –.

3. Pluralismus-Kritik und Pluralismus-Schutz

Eine entsprechende Staatspflicht folgt auch nicht aus dem Kulturstaatsprinzip[130], das zwar im Grundgesetz nicht ausdrücklich formuliert, aber verfassungsprägend zum Ausdruck gebracht ist[131]. Konkrete Pflichten sind nur soweit mit ihm verbunden, als sie verfassungsrechtlich erschließbar sind; darüber hinaus stellt das Prinzip nur eine Richtlinie zur positiven Einstellung des Staates gegenüber dem kulturellen Bereich dar. Wieweit das staatliche Engagement zu reichen hat oder ausgedehnt werden kann, ist jeweils aus dem verfassungsrechtlichen Zusammenhang und auf dessen Grundlage aus der Rechtsordnung heraus zu entscheiden. Hinsichtlich der Weiterbildung steht die verfassungsrechtliche Förderungspflicht im Zentrum. Sie wird verstärkt durch die objektive Grundrechtswirkung, vor allem in Richtung bildungsrechtlicher Gewährleistungspflichten; zugleich begrenzt der Grundrechtsbereich die staatliche Betreuung, soweit die pluralistische Entfaltungsfreiheit ohne ausreichenden Grund beeinträchtigt würde. Die Förderungspflicht als solche schlägt aber nicht in eine allgemeine Produktionspflicht um, sondern ist gerade auf den pluralistischen Rahmen ausgerichtet.

Eine Parallele zum Weiterbildungsbereich findet sich unter diesem Gesichtspunkt in der Rundfunkordnung. Die staatliche Gewährleistung der pluralistischen Verantwortung für den Medienbereich durch ausschließlich öffentlich-rechtlich organisierte Trägerschaften[132] wird entbehrlich, wenn eine pluralistisch zusammengesetzte Trägerschaft diese Verantwortung übernehmen kann[133]. Ein Festhalten am innenpluralistisch orientierten öffentlich-rechtlichen Monopol wäre nur wegen Sonderanforderungen möglich, die außenpluralistisch nicht erfüllt werden könnten[134]. Das zunächst technisch bedingte öffentlich-rechtliche Monopol mußte daher aufgegeben werden, als eine Vielzahl nebeneinander bestehender Programmverbreitungen möglich wurde. Umgekehrt wäre bei der Weiterbildung eine Aufhebung der pluralistischen Struktur nicht zu rechtfertigen. Eine andere Frage ist, ob die öffentlich-rechtlichen Rundfunkträger wegen ihrer überkommenen flächendeckenden Organisation zumindest während einer Übergangszeit die Aufgabe einer Allge-

---

[130] Grds. *Oppermann,* Kulturverwaltungsrecht, 1969, S. 6 - 11; *Maihofer,* Kulturelle Aufgaben, 1983; *Steiner, Grimm,* Kulturauftrag, 1984; *Häberle,* Vom Kulturstaat, 1982.

[131] Dazu *Oppermann,* Ergänzung des Grundgesetzes, 1984; Staatszielbestimmungen/ Gesetzgebungsaufträge, 1983, S. 106 - 132; – Vgl. jedoch Art. 3 LVerf. Bayern.

[132] BVerfGE 12, 205; 31, 314.

[133] BVerfGE 57, 295 – wobei zum einen für eine nur teilpluralistische Übergangszeit, zum anderen auch grds. wegen der großen Breitenwirkung jeder Programmausstrahlung Mindestverpflichtungen auf umfassende, der Allgemeinheit dienliche Informationstätigkeit anzuordnen sind, vgl. BVerfGE 57, 295; 73, 118; in der zweiten Hinsicht aber umstr., vgl. *v. Münch,* GG-Komm., Bd. 1, 3. A. 1985, Art. 5 Rn. 35a. Grds. *Bullinger,* Elektronische Medien, 1983.

[134] Zum überwiegenden Verständnis der Rundfunkfreiheit als Rundfunkgründungsfreiheit *v. Münch,* GG-Komm., Bd. 1, 3. A. 1985, Art. 5, Rn. 36; so auch BVerfGE DVBl. 1987, 834.

meinversorgung besser als die im Aufbau begriffene pluralistische Programmstruktur erfüllen können[135]; insofern besitzt der öffentlich-rechtliche Rundfunk eine traditionell entstandene Sonderposition. Umgekehrt müßte in der Weiterbildung der – teilweise verfochtene – Aufbau einer solchen öffentlich-rechtlichen Allgemeinträgerschaft gegen die gewachsene pluralistische Angebotsstruktur durchgesetzt werden und wäre außerdem nicht mit derselben Standardnachfrage wie im Rundfunkbereich zu rechtfertigen[136].

Gelegentlich erweckte die Diskussion um ein öffentlich-rechtliches Weiterbildungssystem auch den Eindruck, die „Verstaatlichung" habe eine entsprechende Garantiefunktion für ein allgemeines Bildungsangebot zu übernehmen wie früher die Übernahme des Schulwesens in staatliche Regie[137]. Die Situationen stimmen jedoch nicht annähernd überein; weder gleichen sich die gesellschaftlichen Ausgangsbedingungen noch die Aufgaben des damaligen Schul- und heutigen Weiterbildungswesens. Die Entwicklung der Gesellschaft hat zwar einerseits den Staat in den Mittelpunkt gerückt und seine Verteilerfunktion gesteigert[138], andererseits aber ein großes soziales Machtpotential geschaffen, das in Zusammenarbeit mit dem Staat[139] und nicht in Abhängigkeit von diesem seine Lebensdimensionen entfaltet. Anzustrebendes Ziel in der freiheitlichen Demokratie[140] ist nicht die unbegrenzte staatliche Leistungsherrschaft[141], sondern die gegenseitige Stärkung der staatlichen und gesellschaftlichen Sphäre und eine optimale Zusammenarbeit. Die Weiterbildung als gemeinsamer Verantwortungsbereich dürfte ein Gradmesser für das Funktionieren des Zusammenspiels, nicht aber ein Adoptionsfall der staatlichen Aufgabenregie sein.

Soweit daher das pluralistische Weiterbildungsangebot nicht nur ergänzt, vervollständigt und bereichert, sondern ohne Notwendigkeit eingeschränkt werden sollte, wäre die grundrechtlich geschützte Rechtsposition der freien Anbieter beeinträchtigt und die rechtlich gebotene Grenze zwischen der staat-

---

[135] So BVerfGE 73, 118.
[136] Näher noch im folgenden und unten VII.
[137] Vgl. *E. R. Huber*, Deutsche Verfassungsgeschichte seit 1789, Bd. I, 2. A. Stuttgart 1967, S. 264 - 267.
[138] Grds. *Zacher*, Das soziale Staatsziel, 1987.
[139] Vgl. *Bull*, Die Staatsaufgaben, 1977, S. 64 - 69; *Rupp*, Die Unterscheidung von Staat und Gesellschaft, 1987, bes. S. 1204f., 1215; *Zacher*, Das soziale Staatsziel, 1987, S. 1061; ausdr. z. kulturellen Bereich *Oppermann*, Kulturverwaltungsrecht, 1969, S. 15 - 17; zum wirtschaftlichen Bereich *Püttner*, Die öffentlichen Unternehmen, 1985, S. 96 - 102.
[140] Grds. *Starck*, Grundrechtliche und demokratische Freiheitsidee, 1987; vgl. *Rupp*, Die Unterscheidung, 1987, bes. S. 1198 - 1218. Vgl. auch *Koslowski*, Gesellschaft und Staat, 1982.
[141] Für partizipatorische Vermittlung *Karpen*, Auslegung, 1987, S. 80, 87, ohne Bedenken gegenüber der Gefahr einer besitznehmenden Gruppenherrschaft, die grundrechtliche Freiheitsbereiche auslöscht.

3. Pluralismus-Kritik und Pluralismus-Schutz

lichen Aufgabenwahrnehmung und der gesellschaftlichen Aktivitätsentfaltung überschritten. Die Befürworter einer öffentlich-rechtlichen Institutionalisierung müssen sich daher den Vorrang des partnerschaftlichen Ergänzungsverhältnisses entgegenhalten lassen[142]. Im Rahmen des praktisch Verwirklichbaren[143] geht es auch nicht um den Aufbau eines selbständigen Angebotssystems, sondern allenfalls um eine erweiterte staatliche oder kommunale Angebotsleistung, die zur Vollständigkeit und Ausgewogenheit beiträgt. Als einzig zulässiger Weg erscheint also die vorsichtige Abstimmung mit der pluralistischen Träger- und Angebotsstruktur im fachlichen und örtlichen Rahmen, um die sinnvolle Zusammenarbeit von Staat und Gesellschaft bei der Wahrnehmung der öffentlichen Verantwortung für die Weiterbildung nicht zu gefährden, sondern erfolgreich fortzuentwickeln[144].

---

[142] Vgl. *Oppermann*, Auf dem Wege zur gemischten Rundfunkverfassung, 1981.
[143] So mußte die Weiterbildungsförderung in den letzten Jahren mehrfach gekürzt werden, ganz zu schweigen von den finanziellen Problemen für kommunale Pflichtaufgaben; vgl. *Losch*, Weiterbildung als kommunale Pflichtaufgabe, 1986, S. 41.
[144] Vgl. bes. *Bocklet*, Öffentliche Verantwortung, 1975; *Beckel*, Staat und Erwachsenenbildung, 1976; Erwachsenenbildung in der pluralen Gesellschaft, 1978; *Rüther*, Staat und Erwachsenenbildung, 1979; *Pöggeler*, Gesellschaftstheoretische Legitimation, 1980; *Güttler / Spitzner*, Pluralismus, 1981; *Keim / Urbach*, Zur rechtlichen und politischen Bedeutung, 1981.

III. Förderung als Staatsaufgabe

1. Verfassungsrechtliches Förderungsgebot

Als in Art. 148 Abs. 4 WRV die Förderung der Weiterbildung als staatliche und kommunale Aufgabe angeordnet wurde[145], war der erste Schritt dazu getan, daß die Weiterbildung verbindlich in die staatliche Verantwortung einbezogen wurde. Aus der Vorgeschichte der Förderungsbestimmung geht hervor, daß darüber hinaus auch an einen institutionellen Ausbau gedacht wurde[146]. Es blieb jedoch bei der Förderungsbestimmung, die auch nicht als verbindliche Anordnung, sondern als Aufforderung formuliert war und nach einhelliger Meinung lediglich als Programmsatz verstanden werden konnte[147]. Als dieses Bekenntnis zur staatlichen Förderung von den Länderverfassungen übernommen wurde[148], erschien es meistens deutlich verbindlicher herausgestellt[149]. Zwar kann die verfassungsrechtlich angeordnete Förderungspflicht vom begrifflichen Ausgangspunkt her, der verschiedene Formen der Unterstützung, neben der finanziellen auch die durch Sachmittel und Arbeitskraft geleistete, umfaßt[150], nicht als ein fest umschriebenes Leistungsgebot verstanden werden, aber die strikter getroffene Anordnung gibt zu verstehen, daß sie keinesfalls als unverbindlicher Leitsatz gelten kann, sondern eine nicht mehr vernachlässigbare staatliche und kommunale Aufgabe festschreibt[151].

---

[145] Zum Wortlaut oben Fn. 92.

[146] Im Verfassungsentwurf der Regierung wurde die Versorgung durch öffentliche Anstalten in den Vordergrund gerückt, jedoch konnte sich der Verfassungsausschuß in erster Lesung nicht zu dieser vorwiegend auf die öffentliche Gewährleistung zielenden Konzeption bekennen. Die Fassung zweiter Lesung beschränkte sich umgekehrt aber allein auf die Förderung der Volkshochschulen. Erst mit der endgültigen Form gelang die Abstimmung auf die maßgebliche Sach- und Rechtslage. Das pluralistisch-institutionelle Förderungsgebot überging weder die Bedeutung der freien Träger (dazu *Mausbach*, Kulturfragen, 1920, S. 99), noch schloß es die staatliche und kommunale Eigeninitiative aus. Zur Geschichte des Verfassungstextes *Ebers*, Die Verfassung des deutschen Reichs, 1919, S. 80, 87.

[147] Vgl. *Gebhard*, Handkommentar, 1932, S. 533; übertrieben *v. Freythag-Loringhoven*, Die Weimarer Verfassung, 1924, S. 357.

[148] Oben Fn. 14 (mit Fn. 98).

[149] Vgl. z.B. Art. 32 LVerf. BW: „Die Erwachsenenbildung ist vom Staat, den Gemeinden und Landkreisen zu fördern."

[150] Vgl. schon *Landé*, Bildung und Schule, 1930, S. 44; *Nebinger / Eisenmann, Löffler / Weeber*, Kommentar, 1948, S. 170; *Süsterhenn / Schäfer*, Kommentar, 1950, S. 177; *Schmidt*, Förderung, 1953, S. 109 - 118.

[151] Vgl. *Hürten / Beckel*, Struktur und Recht, 1966, S. 95 (m.w.N.); *Barschel / Gebel*, Landessatzung, 1976, S. 112. Über Gebühr zurückhaltend *Spitta*, Kommentar, 1960, S. 90, der, wie zur WRV üblich, von einem bloßen Programmsatz spricht.

1. Verfassungsrechtliches Förderungsgebot

Dieser Bedeutungsgehalt kommt besonders in Art. 35 LVerf. Bremen zum Ausdruck, der darauf hinweist, daß für entsprechende öffentliche Einrichtungen zu sorgen ist[152]. Das heißt aber nicht, daß damit nur an öffentlich-rechtliche Trägerschaften gedacht werden muß[153], wenngleich diese selbstverständlich einbezogen erscheinen[154]. In dieser Form wird allerdings wesentlich deutlicher auf den Förderungszweck, den Ausbau des Weiterbildungsbereichs, abgestellt, der mit dem Förderungsgebot auch sonst angestrebt wird. Das Gebot gilt also sowohl hinsichtlich der privat als auch der öffentlich-rechtlich getragenen Weiterbildungsarbeit, wie im übrigen aus der ausdrücklichen Einbeziehung der Volkshochschulen in einige der Förderungsbestimmungen (nach dem Vorbild der WRV) und die Betonung der öffentlich-rechtlichen Träger in Art. 17 LVerf. NW hervorgeht.

Das Förderungsgebot setzt damit deutlich erkennbar auch nicht die öffentlich-rechtlich getragene Initiative als solche schon mit der angeordneten Förderung der Weiterbildung gleich[155], sondern meint – unabhängig von dieser praktischen Bildungstätigkeit – die übergeordnete, gleichberechtigte Unterstützung aller Initiativen, die zum Ausbau der Weiterbildung beitragen. Damit bekennt sich das verfassungsrechtliche Förderungsgebot ohne Einschränkung zur pluralistischen Träger- und Angebotsstruktur.

Eine Aufnahme in das Grundgesetz fand das Förderungsgebot nicht, weil die kulturellen Angelegenheiten grundsätzlich der Regelung durch die Länder überlassen sind[156]. Jedoch wurde von der Sachverständigenkommission Staatszielbestimmungen/Gesetzgebungsaufträge, die erst jüngst über Ergänzungen des Grundgesetzes zu beraten hatte, auch eine Grundsatzbestimmung zum Recht auf Bildung und zur Förderung der Weiterbildung erörtert. Die Vorschläge dazu fanden – im Unterschied zur Befürwortung einer Kulturstaatsklausel[157] – aber keine Mehrheit[158]. Zwar würde die Vorschrift ihrer Fassung nach nicht über das Förderungsgebot der Länderverfassungen hinausgehen, andererseits aber schon auf Bundesebene ausdrücklich feststellen, daß die Förderung der Weiterbildung als Staatsaufgabe zu betrachten ist. Die Aufnahme ins Grundgesetz würde daher die Förderung auch als Anliegen des

---

[152] „Allen Erwachsenen ist durch öffentliche Einrichtungen die Möglichkeit zur Weiterbildung zu geben."
[153] So etwa *Feidel-Mertz*, Erwachsenenbildung, 1975, S. 23.
[154] So bezieht sich der Begriff nicht auf die Trägerschaft, sondern auf die Bereitstellung zur öffentlichen Nutzung, vgl. *Beckel / Senzky*, Management und Recht, 1974, S. 188 - 191; *Frotscher*, Begriff, Rechtsformen und Status, 1983; *Püttner / Lingemann*, Aktuelle Probleme der Zulassung, 1984, S. 122.
[155] In diesem Sinne aber *Landé*, Bildung und Schule, 1930, S. 44; vgl. *Bubenzer*, Grundlagen für Staatspflichten, 1983, S. 125 - 136.
[156] Zur föderalistischen Kulturordnung *Oppermann*, Kulturverwaltungsrecht, 1969, S. 548 - 556; *ders.*, Bildung, S. 740.
[157] *Oppermann*, Ergänzung des Grundgesetzes, 1984, S. 3 - 19.
[158] Staatszielbestimmungen/Gesetzgebungsaufträge, 1983.

Gesamtstaates herausstellen und ähnlich die Rechtslage in denjenigen Ländern verdeutlichen, in deren Verfassungen das Förderungsgebot nicht ausdrücklich Eingang gefunden hat. Aber auch ohne diese Verdeutlichung ergibt sich die staatliche Förderungsaufgabe, soweit nicht ausdrücklich angeordnet, aus den Grundsätzen der kulturstaatlichen Verfassung[159].

2. Gesetzliche Ausgestaltung

Mit der verbindlichen Anordnung der Weiterbildungsförderung als Staats- und kommunale Aufgabe war der zweite Schritt zur Anerkennung einer staatlichen Verantwortung für die Weiterbildung getan. Der dritte Schritt blieb verfassungsrechtlichen Kompetenzbestimmungen und ihrer gesetzlichen Ausführung, zunächst vor allem im Bereich der beruflichen Fortbildung[160], und schließlich den Weiterbildungsgesetzen vorbehalten. Auf dem Gebiet der beruflichen Fortbildung ist das Förderungsgebot ausdrücklich als Kompetenznorm zugunsten bzw. zulasten des Bundes ausgestaltet; auch aus den unmittelbar auf die Berufsbildung bezogenen Regelungskompetenzen können Betreuungs- und Förderungsaufgaben folgen, so i. V. m. dem Sozialstaatsgebot bei der Fortbildung zur Umschulung und Rehabilitation[161]. Jedenfalls erfährt die Beihilfen- und Regelungskompetenz aus dieser Richtung eine verpflichtende Ausgestaltung. Die Weiterbildungsgesetze lösen das länderverfassungsrechtliche Förderungsgebot unmittelbar ein, stellen die Förderungspraxis auf eine ausdrücklich geregelte Grundlage und setzen den Rahmen der staatlichen Förderung fest. Durch die Anordnung bestimmter Förderungsvoraussetzungen werden außerdem auch Maßstäbe für die Bildungsarbeit gesetzt. Gleichzeitig benutzen die Weiterbildungsgesetze die Gelegenheit, um ein förderliches Zusammenwirken im Weiterbildungsbereich anzuregen, indem sie die Aufstellung von Kooperationsgremien verlangen.

Die Weiterbildungsgesetze streben durchweg eine wirksame Förderungsleistung an, indem sie bei entsprechend nachweisbarer Bildungsarbeit Zuschüsse zu den Personal- und Sachkosten vorsehen, freilich mit unterschiedlichem Nachdruck gegenüber dem Haushaltsgesetzgeber. So wird die Förderung meistens unter Haushaltsvorbehalt gestellt[162]. Nur in Niedersachsen, Nordrhein-Westfalen und im Saarland werden für die Personalkosten bestimmte Förderungssätze fest zugesagt[163], in Niedersachsen und Nordrhein-Westfalen außerdem für die durchgeführte Bildungsarbeit[164]. Eine zusätzliche Förderung für

---

[159] Dazu *Oppermann*, Ergänzung des Grundgesetzes, 1984, S. 3 - 19 (m. w. N.).
[160] Vgl. oben Fn. 32.
[161] Dazu oben Fn. 114.
[162] Vgl. § 2 Abs. 1 WBG BW; § 10 Abs. 1 WeitBiG RP.
[163] § 8 EBG Nds.; §§ 20 Abs. 1 - 4, 24 Abs. 1 - 3 WbG NW; § 9 EBG S.
[164] § 10 EBG Nds.; §§ 20 Abs. 5, 6, 24 Abs. 4 WbG NW.

Sach-[165], Investitions-[166] und Sonderkosten[167] sowie teilweise die Förderung nicht anerkannter Einrichtungen[168] wird grundsätzlich in das Ermessen des Landes gestellt. In Bayern wurden für die Jahre 1974 - 1976 Mindestbeträge der Gesamtförderung festgesetzt und eine angemessene Erhöhung für die Folgejahre angeordnet[169]. Das fortschrittliche Förderungsbewußtsein, das in den Weiterbildungsgesetzen teilweise betont zum Ausdruck kommt, konnte nicht unbeschränkt durchgehalten werden. Soweit die Unterstützung fest zugesagt war, sah sich der Gesetzgeber zu Korrekturen hinsichtlich der Höhe und Verbindlichkeit der Förderungsversprechen gezwungen[170]. Immerhin stellen die Weiterbildungsgesetze, auch soweit generell ein Haushaltsvorbehalt ausgesprochen wird, eine spürbare Konkretisierung der Förderungspflicht und ihre Umsetzung in die Praxis dar[171].

Darüber hinaus schreiben das VHG Hessen und das WbG Nordrhein-Westfalen kommunale Pflichtträgerschaften für Weiterbildungseinrichtungen vor, stellen neben die Förderung also auch die praktische Initiative der öffentlichen Hand, was früher schon als wirksamste Form der Förderung bezeichnet wurde[172]. Diese Ausdehnung der öffentlichen Förderungsaufgabe entspringt aber weniger dem Gesichtspunkt der verfassungsrechtlichen Förderungspflicht, sondern folgt vielmehr bestimmten Grundsatzüberlegungen, die unabhängig davon in der Bildungsplanung über den Ausbau der Weiterbildung angestellt wurden. Ausgangspunkt und Grundlage der staatlichen Verantwortung für die Weiterbildung bleibt weiterhin das verfassungsrechtliche Förderungsgebot.

3. Kommunale Förderungsaufgabe

Für die Kreise und Gemeinden wirkt dieses Gebot neben der Regelung der staatlichen Förderung durch die Weiterbildungsgesetze unmittelbar weiter; teilweise ist es ausdrücklich an die kommunale Adresse gerichtet, teilweise wird die kommunale Verpflichtung von der allgemeinen Form der Anordnung mit umfaßt, die sich auf den gesamten Staat einschließlich der Kommunalverwaltung bezieht. Die Weiterbildungsgesetze stellen diese Rechtslage zum Teil

---

165 Vgl. z. B. § 7 EBG Hessen; keine Trennung von Personal- und sonstigen Kosten sieht das EBG Bayern vor (Art. 7).
166 Vgl. z. B. § 12 Nr. 1 WeitBiG RP.
167 Vgl. z. B. § 9 EBG Hessen.
168 § 12 EBG Nds.; § 13 WeitBiG RP; § 11 EBG S.
169 Art. 7 Abs. 2 EBG Bayern.
170 Oben Fn. 143.
171 Vgl. *Knoll / Pöggeler / Schulenberg*, Erwachsenenbildung und Gesetzgebung, 1983, bes. S. 77 - 82.
172 *Landé*, Bildung und Schule, 1930, S. 44.

ausdrücklich klar[173]. Neben dem verfassungsrechtlichen Förderungsgebot steht die umfassende kommunale Aufgabenzuständigkeit als Grundlage für die Unterstützung von Weiterbildungsaktivitäten sowie für das Betreiben kommunaler Weiterbildungseinrichtungen im Rahmen der Verantwortung für das Wohl der Einwohnerschaft[174]. Sämtliche Gemeinde- und Kreisordnungen sehen grundsätzlich die Errichtung öffentlicher Einrichtungen zur Erfüllung dieser Verantwortung vor[175]; wo die Grenze zwischen der Förderung nichtkommunaler Dienstleistungen und dem Einsatz eigener Einrichtungen verläuft, richtet sich nach den Verhältnissen an Ort und Stelle[176]. Selbstverständlich kann neben dem Betreiben kommunaler Einrichtungen auch eine zusätzliche Förderung vorgesehen werden.

Im bayerischen Förderungsstreit wurde die Selbständigkeit der kommunalen Weiterbildungsförderung neben der Förderung durch das Land in Zweifel gezogen. Zur Debatte stand die Zulässigkeit einer als bevorzugend erachteten Selbstsubvention für kommunal getragene Einrichtungen gegenüber der Förderung anderer, im konkreten Fall kirchlicher Weiterbildungsträger. Die Vorteile der kommunalen Trägerschaft, so wurde ausgeführt, müßten zusätzliche Subventionen höher veranschlagen lassen als bei den anderen, in gleicher Höhe geförderten Trägern; damit werde das Gebot der Förderungsgleichheit, das dem Gesetz zur Förderung der Erwachsenenbildung zugrundegelegt sei, verletzt, da die kommunale Weiterbildungsförderung nach Art. 28 Abs. 2 GG und Art. 11 Abs. 2 LVerf. Bayern an den Rahmen der Gesetze, und das heiße, an die Bestimmungen sämtlichen staatlichen Rechts gebunden sei[177].

Diese Ansicht verkennt nicht nur, daß das EBG auf die staatliche Förderung beschränkt ist – was ausdrücklich hervorgehoben wird[178] –, die kommunale Förderung sich insofern also der unbegrenzten Selbständigkeit der kommunalen Selbstverwaltungsgarantie erfreut[179], sondern ließe auch gar nichts für ein Verbot der kommunalen Selbstsubvention gewinnen, da nach den Maßstäben der Landesförderung die Trägerschaft als solche überhaupt nicht als Vergleichsgröße in Betracht kommt. Förderungsgrund sind allein die Angebotsleistungen. Für die kommunale Förderung besteht aber ebenfalls kein Anlaß, die kommunale Trägerschaft von zusätzlich bereitgestellten Mit-

---

[173] Vgl. § 2 Abs. 5 WBG BW.
[174] Näher *Losch*, Weiterbildung als kommunale Aufgabe, 1985, S. 81 - 104.
[175] Grds. *Stober*, Kommunalrecht, 1987, S. 109 - 114; *Scholz*, Das Wesen und die Entwicklung, 1967; *Frotscher*, Begriff, Rechtsformen und Status, 1983; *Vesper*, Erwachsenenbildung, 1983; *Dreibus*, Weiterbildung, 1986.
[176] *Losch*, Weiterbildung als kommunale Aufgabe, 1985, S. 137 - 142.
[177] So *Maunz*, Erwachsenenbildung, 1978; vgl. auch *Henrich*, Gefährliche Entwicklung, 1977.
[178] Vgl. Art. 2 EBG Bayern.
[179] Vgl., auch zum folgenden, *Gallwas*, Die Förderung der Erwachsenenbildung, 1978; *Grasser*, Zur Problematik der Erwachsenenbildung, 1978.

3. Kommunale Förderungsaufgabe

teln auszuschließen. Das verfassungsrechtliche Förderungsgebot nach Art. 139 LVerf. Bayern[180] umfaßt auch die kommunale Förderung[181] einschließlich der Bereitstellung und der Subvention kommunaler Weiterbildungseinrichtungen.

In den Gemeinde- und Kreisordnungen wird das Betreiben öffentlicher Einrichtungen ausdrücklich als kommunale Aufgabe genannt; in Bayern werden die Sachgebiete der gemeindlichen Aufgabenzuständigkeit in Art. 83 Abs. 1 LVerf. und Art. 57 Abs. 1 GO verdeutlichend hervorgehoben und die Weiterbildung sogar eigens aufgeführt. Voraussetzung für die Wahrnehmung dieser Aufgabe ist das kommunale bzw. das örtliche öffentliche Interesse; Grenzen ergeben sich nur von Bedarf und Leistungsfähigkeit her[182]. Eine Subsidiarität darüber hinaus läßt sich nicht begründen. Ein im Ansatz schon angestrebtes Zurückdrängen kommunaler Angebote entspricht auch nicht dem für das Verbot der Selbstsubvention herangezogenen Pluralismusgedanken[183], der für Aktivitäten aus allen Richtungen offen ist, solange sie den Rahmen der verfassungsrechtlichen Betätigungsfreiheiten wahren. Der Gleichheitssatz, an dem allein die Förderung sich messen lassen muß, verlangt im übrigen nur, daß nicht willkürlich ungleich behandelt wird[184]. Danach besteht sogar Raum für eine Differenzierung der Förderung zugunsten kommunaler Angebote, wenn dafür ein sachlich gerechtfertigtes Interesse ins Feld geführt werden kann. Die kommunale Weiterbildungsförderung läßt sich daher nicht von vornherein einschränken; Grenzen der Selbstsubvention ergeben sich letztlich erst aus den Grenzen, die der zu fördernden Tätigkeit selbst gesetzt sind.

---

[180] „Die Erwachsenenbildung ist durch Volkshochschulen und sonstige mit öffentlichen Mitteln unterstützte Einrichtungen zu fördern". Vgl. zur Textfassung (Förderung durch Förderung) *Gallwas*, Die Förderung der Erwachsenenbildung, 1978, S. 22 - 25.
[181] Wie weiter oben ausgeführt; vgl. die Hervorhebung der gemeindlichen Betreuungsaufgabe für die Weiterbildung in Art. 83 Abs. 1 LVerf. Bayern sowie die folgenden Ausführungen.
[182] Vgl. – zugleich stellvertretend – Art. 57 Abs. 1 GO Bayern.
[183] *Maunz*, Erwachsenenbildung, 1978; mißverständlich dazu *Meder*, Die Verfassung, 1985, S. 458.
[184] Vgl. *Gallwas*, Die Förderung der Erwachsenenbildung, 1978, S. 18f.

IV. Kommunale Pflichtaufgaben

1. Pflichtträgerschaft, Pflichtangebot, Kooperationspflichten, Ergänzungsaufgaben

Um den Ausbau der Weiterbildung zu sichern und landesweit für eine grundlegende Angebotsleistung zu sorgen, führten das hessische VHG und das WbG NW die kommunale Pflichtträgerschaft für Volkshochschulen, verbunden mit einer bevorzugten staatlichen Förderung, ein[185]. Das hessische EBG verpflichtet außerdem die kreisfreien Städte und Landkreise dazu, Kreiskuratorien für Erwachsenenbildung zu errichten, die den Kreis zu beraten, zur Zusammenarbeit der Bildungseinrichtungen beizutragen und die Bevölkerung zu informieren und zu beraten haben; schließlich werden die kreisfreien Städte und Landkreise dazu aufgefordert, ihre Räumlichkeiten, soweit geeignet, für die Weiterbildungsarbeit zur Verfügung zu stellen[186]. Das WbG NW schreibt zusätzlich zur kommunalen Pflichtträgerschaft ein kommunales Mindestangebot an Weiterbildungsveranstaltungen und eine kommunale Weiterbildungsentwicklungsplanung in Abstimmung mit den nichtkommunalen Trägern und Einrichtungen vor[187].

Die übrigen Weiterbildungsgesetze begnügen sich fast alle – trotz vorausgegangener heftiger Debatten um ähnliche Konzeptionen – mit der Regelung der Förderung und überlassen die Weiterentwicklung der Angebotsstruktur ganz der freien Konkurrenz und Zusammenarbeit unter den Trägern und Einrichtungen. Freilich sichern auch hier die Förderungsvoraussetzungen, daß eine kontinuierliche und breite Bildungsarbeit geleistet wird. Einen Zwischenweg schlägt das WeitBiG RP ein, indem es, ähnlich wie das hessische EBG, bestimmte Kooperationsaufgaben für die Träger und Einrichtungen festsetzt und, unabhängig von einer Trägerschaft, kommunale Pflichtaufgaben zugunsten der Kooperation vorschreibt[188]. So werden neben der Kooperation auf Landesebene, die in allen Weiterbildungsgesetzen vorgesehen ist, auch Kooperationsgremien auf örtlicher und regionaler Ebene angeordnet; ihre Errichtung ist Aufgabe der kreisfreien Städte und Landkreise. Die Aufgabenbe-

---

[185] §§ 4 - 6 VGH Hessen; §§ 4, 11, 20 WbG NW. Grds. *Pappermann,* Volkshochschularbeit, 1982.
[186] §§ 13, 14 EBG Hessen.
[187] §§ 13, 12 WbG NW.
[188] §§ 21, 20 WeitBiG RP; vgl. auch § 14 WBG BW, der die Bildung von Kreiskuratorien durch die Stadt- und Landkreise anregt. Näher unten VIII.

reiche der Kooperation werden eingehend dargelegt. Außerdem werden die Städte und Landkreise aufgefordert, gegebenenfalls mit eigenen Einrichtungen dazu beizutragen, daß wenigstens ein Kernangebot zur Verfügung steht[189]. Ergänzt wird dieses gesetzliche Bestreben zum Ausbau der Weiterbildungstätigkeit noch dadurch, daß durch Verordnung eine bestimmte Mindestleistung an Unterrichtsstunden zur Voraussetzung der staatlichen Anerkennung bzw. Förderung erhoben wird[190].

Die rheinland-pfälzische Regelung versucht also, in erster Linie die freiwillig veranstaltete Weiterbildungstätigkeit anzuregen und sieht dafür eine besondere kommunale Hilfestellung vor; zusätzlich werden die Kommunen zur ergänzenden Mitwirkung angehalten. Diese Lösung verbindet das auf Freiwilligkeit gegründete pluralistische Modell mit der kommunalen Ergänzungsleistung und trägt daher sowohl der grundrechtlich geschützten Betätigungsfreiheit als auch einer über die bloße Förderung hinausreichenden staatlich-kommunalen Mitverantwortung Rechnung, ohne ein durchgängiges kommunales Angebot festzuschreiben. Die hessische Regelung, die dagegen einen Grundbestand kommunaler Trägerschaften errichtet und die Regelung in Nordrhein-Westfalen, die dazuhin ein kommunales Angebot in bestimmtem Umfang aufstellt, schaffen einen öffentlich-rechtlichen Pflichtenblock im grundsätzlich freiwillig geleisteten pluralistischen Trägerschafts- und Angebotsspektrum. Beide greifen auf die traditionelle Zusammenarbeit zwischen Volkshochschulen und Kommunen zurück; aus dieser Warte mögen sie auch nicht als gravierende Neuerung erschienen sein. Jedoch tritt der neue Ordnungsgrundsatz der kommunalen Pflichtbeteiligung nicht problemlos in den bestehenden rechtlichen Zusammenhang hinein. Sowohl vom pluralistischen Ordnungsprinzip als auch von der Garantie der kommunalen Selbstverwaltung her, die beide verfassungsrechtlich gesichert sind, drängen sich gewisse Bedenken auf[191].

2. Pflichtaufgaben und Pluralismusprinzip

Zunächst ist festzustellen, daß kommunale Pflichtaufgaben zugunsten der Weiterbildung nicht prinzipiell unvereinbar mit dem pluralistischen Ordnungsprinzip erscheinen. Vor allem die Regelung im hessischen VHG läßt aus folgenden Gründen etwaige Bedenken zurücktreten. Zum einen werden neben den kreisfreien Städten und den Kreisen nur die Gemeinden mit mehr als 50 000 Einwohnern in Pflicht genommen, also ein kommunaler Einsatz nur dort verlangt, wo grundsätzlich ein entsprechender Bedarf erwartet werden

---
[189] § 6 WeitBiG RP.
[190] § 1 Abs. 3 WeitBiGDVO v. 4. März 1976 (GVBl. S. 75, zit. n. GdW RhPf. 2.1, S. 102).
[191] Vgl. *Losch*, Weiterbildung als kommunale Pflichtaufgabe, 1986, S. 59 - 61.

46   IV. Kommunale Pflichtaufgaben

kann[192]. Zum anderen wird lediglich angeordnet, daß kommunale Weiterbildungseinrichtungen zu unterhalten sind, nicht aber über die Pflichtträgerschaft hinaus auch eine bestimmte Angebotsleistung verlangt. Damit wird eine flexible Anpassung an das Gesamtangebot ermöglicht. Zum dritten bleibt unbenommen, die kommunale Pflicht durch ausreichend unterstützte private Träger erfüllen zu lassen[193], womit die verfassungs- und kommunalrechtliche Ausgangslage, gekennzeichnet durch Pluralismusprinzip, Förderungsgebot und kommunale Aufgabenhoheit, berücksichtigt und der Gedanke der Zusammenarbeit und Ergänzung betont wird. Dieser Gedanke bestimmt auch die kommunalen Pflicht- und Unterstützungsaufgaben zur Weiterbildungskooperation, die zusätzlich im hessischen EBG aufgelegt sind[194].

Die hessische Regelung tendiert daher eher zu einem Kooperationsmodell im Stil des rheinland-pfälzischen WeitBiG, während das Pflichtmodell in Nordrhein-Westfalen die kommunale Angebotsleistung in den Vordergrund stellt und damit spürbarer in die Weiterbildungsordnung eingreift. Die Unterschiede bestehen vor allem darin, daß zum einen im WbG NW ein wesentlich dichteres Netz kommunaler Einrichtungen vorgesehen ist (Gemeinden ab 25 000 Einwohner)[195], zum anderen die Möglichkeit der befreienden Delegation auf private Träger nicht besteht, zum dritten die Pflichtträgerschaft mit der Auflage verbunden ist, ein Mindestangebot von jährlich 4800 Unterrichtsstunden zu leisten, das sich ab Einwohnerzahlen von 60 000 und jeweils weiteren 40 000 um jeweils 2400 Stunden erhöht[196], zum vierten den kommunalen Trägern die Pflichtaufgabe zur Weiterbildungsentwicklungsplanung auferlegt wird[197], zum fünften den Kreisen darüber hinaus aufgetragen wird, Koordinierungspläne für das Kreisgebiet aufzustellen[198] und zum sechsten die kommunalen Träger zur Regelung der innerkommunalen Zusammenarbeit ihrer Bildungs- und kulturellen Einrichtungen verpflichtet werden[199].

In diesen Bestimmungen kommt nachdrücklich der Wunsch nach einem überall gleichmäßig vorhandenen öffentlichen Angebot und einer höchst wirksamen kommunalen Weiterbildungstätigkeit zum Ausdruck. Es ist zwar nicht von der Hand zu weisen, daß sich die durchgängige Angebotspflicht der kom-

---

[192] Vgl. *Losch*, Weiterbildung als kommunale Aufgabe, 1985, S. 31, 35 (m.w.N.).
[193] § 5 Abs. 2 VHG Hessen.
[194] § 13 EBG Hessen.
[195] § 11 Abs. 1 WbG NW i.V.m. § 3a Abs. 1 GO NW; nach § 11 Abs. 2 WbG können Gemeinden mit bis zu 60 000 Einwohnern die Pflichtträgerschaft auf den Kreis übertragen. Umgekehrt können nach § 11 Abs. 3 mehrere kleinere Gemeinden, die zusammen mindestens 25 000 Einwohner haben, für ihr Gebiet die Pflichtträgerschaft des Kreises übernehmen.
[196] § 13 Abs. 2, 3 WbG NW.
[197] § 12 Abs. 1, 2 WbG NW.
[198] § 12 Abs. 1 S. 3 WbG NW.
[199] § 16 WbG NW.

3. Pflichtaufgaben und Selbstverwaltungsgarantie

munalen Träger im Einzelfall nicht nur ergänzend und vervollständigend auswirken könnte, und hier liegen die Grenzen für die Zulässigkeit des Pflichtmodells; andererseits bleibt das Mindestangebot aber so bemessen, daß es sich grundsätzlich in das Gesamtangebot einfügen läßt und andere Initiativen nicht verdrängt. So hat die gesteigerte staatliche Förderung auch zu einem erheblichen Ausbau der sonstigen Weiterbildungsangebote geführt[200]. Immerhin wird man die pluralistische Verträglichkeit des kommunalen Mindestangebots nur unter dieser Voraussetzung für gesichert halten können.

3. Pflichtaufgaben und Selbstverwaltungsgarantie

Was die Vereinbarkeit der Pflichtaufgaben mit der kommunalen Selbstverwaltungsgarantie betrifft, leuchtet zunächst einmal nicht ein, daß die Auferlegung als Wahrnehmungspflicht im Selbstverwaltungsbereich[201], weil kein Entzug von Zuständigkeiten damit verbunden, auch keine Einschränkung bedeuten könne[202]. Eine Beeinträchtigung liegt mindestens darin, daß die Entscheidungsfreiheit über das Aufgreifen der Aufgaben und damit auch über die Gewichtung des gesamten Aufgabenbestandes beschränkt wird. Darum ist auch in diesem Fall nicht jedes staatliche Interesse an der Aufgabenwahrnehmung als ausreichende Legitimation zu betrachten, sondern zu verlangen, daß die Reglementierung als notwendig und angemessen gerechtfertigt werden kann[203].

Hinsichtlich eines Pflichtangebots im Bereich der allgemeinen Weiterbildung ist gerade diese Frage äußerst umstritten. Von einem weiten Daseinsvorsorgebegriff aus muß jedoch zulässig erscheinen, daß ein durchgängiges kommunales Angebot gewährleistet wird, allerdings nur, soweit es auf den Rahmen des Gesamtangebots abgestimmt ist. Nicht jedoch können Pflichtaufgaben gerechtfertigt werden, die darüber hinausgehen, wie eine zentralistisch angelegte Entwicklungsplanung; zu weit geht es auch, innerkommunale Kooperationsregelungen im gesamten kulturellen Bereich zu verlangen oder die Pflichtaufgaben, etwa die Art und Weise, wie bei der Entwicklungsplanung vorzugehen ist[204], näher zu reglementieren[205]. In dieser Hinsicht neigt das

---

[200] Vgl. 1. Bericht zur Situation, 1982.
[201] Grds. *Schmidt-Eichstaedt*, Die Rechtsqualität der Kommunalaufgaben, 1983.
[202] Grds. *Blümel*, Die Rechtsgrundlagen, 1981, S. 251 - 257.
[203] Wie zur Ausschöpfung des Rahmenvorbehalts (Art. 28 Abs. 2 GG, Art. 78 Abs. 1 LVerf. NW) grds. erforderlich – vgl. *Brühl*, Neuere wichtige Rechtsprechung, in HKWP, Bd. 6, 1985, S. 700 - 714 (708f.) – und angesichts der Selbstverwaltungsgarantie bei der Anordnung von Pflichtaufgaben (Art. 78 Abs. 3 LVerf. NW) als Ermessensbegrenzung angebracht.
[204] Die zunächst zur Entwicklungsplanung ergangene Ausführungsvorschrift, die mit ihren detaillierten Regelungen die Selbstverwaltungsaufgabe zur Weisungsaufgabe denaturierte, wurde inzwischen ersetzt (VO über die Rahmenrichtlinien für die Auf-

IV. Kommunale Pflichtaufgaben

WbG NW zur Unterstützung einer zentralistischen Weiterbildungspolitik und ist jeweils einschränkend auszulegen, um es noch als verfassungsgemäß anerkennen zu können. Im übrigen lassen sich die Pflichtaufgaben aber mit der Selbstverwaltungsgarantie vereinbaren; das gilt vor allem für die zurückhaltend gestaltete hessische Pflichtträgerschaft und die sonst angeordneten Aufgaben im Kooperationsbereich. Im ganzen erscheint das Pflichtmodell zwar als erfolgreich etabliert, aber nicht als eindeutig vorgezeichnete Lösung. Seine Einführung entsprang einem Wunschgedanken der Bildungsplanung, gewährleistet aber nicht als solche die Lebhaftigkeit und Effizienz freiwilliger Initiativen, die mit der fördernden Betreuung anstelle der Staatsintervention in erster Linie gewonnen werden sollen und für den Fortschritt auf diesem wandlungsreichen Feld unentbehrlich sind.

---

stellung kommunaler Weiterbildungsentwicklungspläne v. 6. 12. 1976, GVBl. S. 408; stattdessen VO v. 28. 6. 1983, GVBl. S. 267, GABl. S. 511, zit. n. GdW NW 2.1., S. 201).

[205] Jeweils näher dazu *Losch*, Kommunale Kompetenzprobleme, 1987.

V. Freiheit der Bildungsarbeit

1. Selbstbestimmbarkeit von Angebot und Nachfrage

Dem Staat, der mit der Grundrechtsordnung die Selbstbestimmungsmacht des einzelnen und der Gesellschaft in den Vordergrund stellt, ist eine willkürliche Einflußnahme auf die Verwirklichung der Selbstbestimmung versagt. So verhindert die grundrechtlich gesicherte Berufs- und Handlungsfreiheit nach Art. 12 Abs. 1 und Art. 2 Abs. 1 GG und die allgemeine Informationsfreiheit nach Art. 5 Abs. 1 GG auf seiten der Teilnehmer eine nach besonderen staatlichen Interessen und Schrankenvorbehalten nicht rechtfertigbare Steuerung oder Auslese der Interessenwahrnehmungsmöglichkeiten; umgekehrt wird die Angebotsfreiheit der Träger und Einrichtungen und eine auf die Teilnehmerinteressen abgestimmte Programmplanung gesichert.

Diese Ausgangslage war von den Weiterbildungsgesetzen vorauszusetzen und wird von ihnen nur teilweise noch besonders bekräftigt. So hebt die Neufassung des EBG Nds. die Freiheit des Angebots und die Freiheit der Inanspruchnahme ausdrücklich hervor[206]. Grundlage der gesamten Weiterbildungsorganisation ist daher die Gründungs- und Betätigungsfreiheit der Träger und Einrichtungen[207]. Gleichwohl können sie eine Berücksichtigung durch die Weiterbildungsförderung nur verlangen, wenn sie auch qualifizierte Bildungsarbeit im Sinne der Förderungskriterien leisten, denn es kann dem Staat nicht verwehrt sein, seine Garantenstellung für diesen Bildungsbereich mit bestimmten Anforderungen zu verbinden, die Voraussetzung für eine wirksame Bildungsarbeit sind[208]. Unterstützt werden soll nicht die individuelle Entfaltungsfreiheit an sich im Rahmen jeder sinnvollen Sozialisation, sondern die gezielte Kenntniserweiterung durch Ausbildung nach dafür geeigneten Maßstäben. Über die Förderungsvoraussetzungen kann die öffentliche Hand daher auch Einfluß auf die Weiterbildungstätigkeit nehmen.

Hinsichtlich der Abgrenzung des Förderbereichs mußte der Gesetzgeber jedoch beachten, daß dem Staat nicht wie im Schulrecht (Art. 7 GG) oder im Hinblick auf die Ausbildung im öffentlichen Dienst (Art. 33 Abs. 2, 5,

---

[206] § 1 Abs. 3 EBG Nds.
[207] Vgl. oben I, 3; grds. *Lange,* Die verfassungsrechtlichen Grundlagen, 1977.
[208] Bekämpft aus progressiv-emanzipatorischer Richtung, die in jeder Festlegung einen Angriff auf ihre Unabhängigkeit und eine Verhinderung fortschrittlicher Ansätze sieht, vgl. die Hinweise in Werkstatt Weiterbildung, 1, 1982; Bildungsarbeit mit Erwachsenen, 1977. Damit werden die Unterschiede zwischen allgemein zugänglicher Bildungsarbeit und speziellen Sozialisations- und Informationsinteressen verwischt.

Art. 75 Nr. 1 GG) die Definitionsmacht über die Bildungsinhalte zusteht, diese sich vielmehr nach den frei entwickelten Bildungsbedürfnissen der Gesellschaft zu richten haben. Diesen Grundsatz der Orientierung an den Bildungsbedürfnissen stellt das EBG Nds. folgerichtig an den Beginn seiner Ausführungen[209]. Im übrigen mußten sich die Weiterbildungsgesetze darauf beschränken, die Aufgaben der Weiterbildung zur Ausgestaltung des individuellen und gesellschaftlichen Lebens auszusprechen[210], die Hauptgebiete der Weiterbildung hervorzuheben[211] und den Charakter der Weiterbildung als planmäßige und zielgerichtete Bildungstätigkeit klarzustellen[212].

Diese nähere Charakterisierung als Bildungsarbeit, meistens verbunden mit der Voraussetzung der Qualifikation für die Durchführung[213], wurde regelmäßig in die besonderen Förderungsvoraussetzungen aufgenommen, was bei der allgemeinen Begriffsbestimmung der Weiterbildung dem breiten Übergangsbereich zur sonstigen Information Rechnung trägt. Weitergehende inhaltliche Bestimmungen standen dem Gesetzgeber nicht zu. Soweit Mindestvoraussetzungen für den Begriff der Bildungsarbeit und Qualifikationsanforderungen auf seiten der Anbieter vorgeschrieben wurden, sollte nur gesichert werden, daß die Förderung auch den verfassungsrechtlichen Förderungszweck, nicht nur allgemeine Bildungsinformation, sondern gezielte Weiterbildungstätigkeit zu unterstützen, erfüllen kann.

Von dieser Ausgangslage her sind die beiden zentralen Grundsätze der Selbständigkeit der Träger und Einrichtungen und der Freiheit der Bildungsarbeit bestimmt. Die Weiterbildungsgesetze befleißigen sich alle, diese Grundsätze besonders hervorzuheben[214]. Damit soll jeder Zweifel an der Tragweite der Förderungsvoraussetzungen und der sachlichen Integrität der Förderung ausgeräumt werden. Als Hauptaspekte der Selbständigkeit und Freiheit der Bildungsarbeit werden die Freiheit der Programmplanung, die Freiheit der Lehre und die Freiheit der Mitarbeiterauswahl herausgestellt.

Mit der Freiheit der Lehre werden ähnliche Bestimmungen im Schulrecht[215] nunmehr durch das Weiterbildungsrecht ergänzt, ohne daß sich hier wie dort eine Verbindung mit der wissenschaftlichen Lehrfreiheit des Art. 5 Abs. 3 GG ergibt. Während es im Schulrecht aber um die Stellung der Lehrer der

---

[209] § 1 Abs. 1 EBG Nds.
[210] Vgl. z. B. Art. 1 EBG Bayern, § 1 Abs. 2 EBG S.
[211] Vgl. z. B. § 3 WbG NW.
[212] § 5 Abs. 1 Nr. 8 WBG BW; § 4 Abs. 1 Nr. 7 WBG Bremen.
[213] Nur als Sicherung der vorausgesetzten Eigenschaft als Bildungsarbeit; meistens wird eine geeignete hauptamtliche Einrichtungsleitung verlangt (vgl. § 5 Abs. 1 Nr. 7 WBG BW), in Bayern darüber hinaus der Einsatz geeigneter Lehrkräfte (Art. 10 Abs. 2 Nr. 2d).
[214] Vgl. z. B. § 4 EBG Nds.; § 4 EBG S.
[215] Vgl. *Oppermann*, Bildung, 1985, S. 727f.; *ders.*, Nach welchen rechtlichen Grundsätzen, 1976, S. 41 - 43.

1. Selbstbestimmbarkeit von Angebot und Nachfrage

staatlichen Schulaufsicht gegenüber geht, wird im Weiterbildungsrecht in erster Linie die Programmdurchführung als Teil der kooperativen oder institutionellen Selbständigkeit genannt, die von der Förderung grundsätzlich zu respektieren ist. Die individuelle Verhaltensfreiheit der Lehrenden kann davon nicht völlig abgetrennt werden, wurzelt aber, soweit es um den persönlichen Stil geht, in den Einzelgrundrechten und verstärkt nicht nur die Rechte der selbständigen Träger oder Einrichtungen, sondern kann auch eine Abgrenzung dagegen bedeuten[216].

Im übrigen will sich der Selbständigkeitsgrundsatz nicht auf das Verhältnis zwischen organisatorisch verbundenen Trägern und Einrichtungen beziehen, sondern betrifft nur das Verhältnis zur staatlichen Förderung. Bei staatlichen und kommunalen Einrichtungen spielt jedoch die Frage der Selbständigkeit gegenüber dem Träger und der Freiheit der Bildungsarbeit eine erhebliche Rolle und hat von den ersten kommunalen Gründungen an zu Problemen der Geschäftsverteilung und zu vielfachen Auseinandersetzungen geführt[217]. In diesem Verhältnis geht es nicht um die Aufrechterhaltung der Freiheit von der allgemeinen Staatsverwaltung, sondern um die Befreiung von der speziellen Verwaltungsunterworfenheit, soweit die Tätigkeit im Bildungsbereich betroffen ist. Für diese sachgesetzlich erforderliche Selbständigkeit der Einrichtungen wurde der Begriff relative Autonomie geprägt[218], der die engere sachliche von der grundsätzlichen rechtlichen Zuständigkeit abhebt und sich zunächst vor allem als Parole und Appell verstand, den die kommunalen Volkshochschulen machthungrigen Verwaltungen entgegenhielten. Die Weiterbildungsgesetze haben mit ihren Verbürgungen dazu beigetragen, daß der Selbständigkeitsgrundsatz auch bei kommunalen Einrichtungen im Verhältnis zur Trägerschaft anzuerkennen ist und bei Konflikten mit Erfolg ins Feld geführt werden kann. Jedenfalls muß die Freiheit der Bildungsarbeit im Verhältnis zur sonstigen Kommunalverwaltung soweit gesichert sein, daß die Weiterbildungstätigkeit, will sie die Förderungskriterien erfüllen, als selbständiges Bildungs- und nicht als Forum der Kommunalpolitik erscheint. Wesentlich für die Praxis ist eine klare Kompetenzregelung, die möglichst auch ein besonderes Verfahren für Konfliktfälle vorsehen sollte[219].

Ein solches Verfahren kann auch bei der Anstellung der Mitarbeiter Konflikte zwischen der Einrichtungsleitung und dem Träger bereinigen helfen.

---

[216] Unmittelbar im Rahmen staatlicher und kommunaler Trägerschaften, dazu im folgenden.
[217] Vgl. *v. Erdberg*, Fünfzig Jahre, 1924, S. 82f.; *Frymark*, Kommunalisierung der Volkshochschule, 1977; *ders.*, Wirkungen institutioneller Bedingungen, 1982.
[218] Vgl. *Pöggeler*, Die Volkshochschule im Spannungsfeld, 1959; *Otto*, Kommunalität und Volkshochschule, 1982; *Vesper*, Zur Kritik, 1983. Vgl. auch *Jüchter*, Volkshochschule, 1979.
[219] Dazu *Losch*, Weiterbildung als kommunale Aufgabe, 1985, S. 153. Vgl. auch *Tietgens*, Institutionelle Strukturen, 1984, S. 293 - 299.

Der Selbständigkeitsgrundsatz verlangt, daß der Einrichtungsleitung ein Vorschlagsrecht zusteht und Entscheidungen nicht über ihren Kopf hinweg getroffen werden können. Bei Einrichtungen in privater Trägerschaft bleibt zwar die Organisation ganz der privatautonomen Gestaltungsfreiheit überlassen, soweit sich die Träger aber auch anderen Aufgaben als der Bildungsarbeit widmen, wird ihnen teilweise ein Beratungsgremium zur Auflage gemacht, um die Belange der Bildungsarbeit zu sichern[220]. Bei organisatorischer Verselbständigung der Bildungseinrichtung empfehlen sich ebenfalls nähere Verfahrensregelungen, um für klare Kompetenzbereiche und Vorgehensweisen zu sorgen.

2. Möglichkeiten und Grenzen staatlicher Einflußnahme

Wie hervorgehoben, ist die Kehrseite der Angebots- und Nachfragefreiheit das Verbot staatlicher Einflußnahme auf die Bildungsinhalte. Ein allgemeines staatliches Direktionsrecht für die Weiterbildung besteht nicht. Nur aus besonderen Verfassungsvorbehalten könnten nähere Regelungsrechte abzuleiten sein. Das trifft im Bereich der beruflichen Fortbildung zu, deren Bildungsabschlüsse auch vielfach staatlicher Kontrolle unterworfen sind[221]. Hier wird im Rahmen der verhältnismäßigen Berücksichtigung sachlicher Zwänge, etwa der zum Schutz der Allgemeinheit erforderlichen Qualifikation als Voraussetzung der Berufsausübung, eine staatliche Ausbildungsgestaltung zulässig. Nur sehr vermindert kann dagegen aus dem verfassungsrechtlichen Förderungsauftrag zugunsten der Weiterbildung auch auf Einflußrechte geschlossen werden.

Da die öffentliche Förderung vielfach existenzielle Bedeutung hat, bestimmen die Förderungsvoraussetzungen aber ganz wesentlich über die Betätigungsfreiheit mit. Die Weiterbildungsgesetze mußten daher dafür sorgen, daß mit den Förderungsvoraussetzungen nur der unentbehrliche Rahmen für die Anerkennung als Bildungsarbeit abgesteckt und keine übergreifende, mit den Freiheitsgarantien nicht mehr vereinbare Verhaltensordnung auferlegt wurde. Dafür, wie die Grenze zwischen einer förderungsimmanenten und einer sachlich nicht mehr tragfähigen Anforderung an die Bildungstätigkeit zu ziehen ist, besteht ein Regelungsermessen, aber willkürliche und nicht dem Förderungsanliegen angemessene Voraussetzungen könnten keinen Bestand haben. Den Förderungsvoraussetzungen setzt auch der Gleichbehandlungsgrundsatz Grenzen, der für jede Differenzierung eine Rechtfertigung verlangt. Daraus entstehen keine Probleme hinsichtlich der generellen Abgrenzung gegenüber Unterhaltung und Geselligkeit[222], der Übersicht über die thematischen Berei-

---

[220] Vgl. unten IX, 1.
[221] Vgl. z. B. §§ 42, 42a HwO.
[222] § 2 Abs. 1 EBG Nds.; § 1 DVO EBG Nds. v. 7. 5. 1984 (GVBl. S. 142), zit. n.

2. Möglichkeiten und Grenzen staatlicher Einflußnahme

che der Weiterbildung[223] und der Aufschlüsselung der einzelnen Fachgebiete[224]. Diese Festsetzungen dienen nur der Realisierbarkeit des Förderungsgebots; zu beachten ist aber, daß sie nicht über einen verhältnismäßigen Mindestrahmen hinausgreifen dürfen. Die Rechtfertigungspflicht greift aber deutlicher ein, wenn die berufliche Fortbildung aus der Förderung ausgeklammert[225] und etwa die politische Bildung besonders gefördert wird[226]. Im ersten Fall stellt die Bundesförderung einen verdrängenden Regelungsbereich und Differenzierungsgrund dar[227], im zweiten läßt sich innerhalb bestimmter Grenzen das hervorgehobene staatliche Interesse an der politischen Mündigkeit des Staatsbürgers als anerkennbares Unterscheidungsmerkmal darlegen[228].

Ähnlich kann es mit der sachlichen Angemessenheit zu rechtfertigen sein, weitere Voraussetzungen aufzustellen, etwa daß pro Kurs eine Mindestteilnehmerzahl nachzuweisen ist[229], daß eine Mitwirkungsregelung einzuführen[230] oder daß bei Kooperationsgremien mitzuarbeiten ist[231]. Solche besonderen Voraussetzungen greifen nicht inhaltlich in die Bildungsarbeit ein, sondern erscheinen lediglich als organisatorische Bedingungen für ihre erfolgreiche, der Allgemeinheit zugute kommende Durchführung und sind daher in den Grenzen des für alle Gleichmäßigen und Angemessenen notwendig oder akzeptabel.

Nähere Direktiven über den Förderungszweck hinaus erscheinen unzulässig. Insbesondere wäre eine zwangsweise Inhaltsbestimmung oder Koordination der Angebote, etwa zur flächendeckenden gleichmäßigen Angebotslei-

---

GdW Nds. 2.1, S. 301; § 2 Nr. 2 2. WeitBiGDVO RP v. 4. 3. 1976 (GVBl. S. 75), zit. n. GdW RhPf. 2.1, S. 102.

[223] § 3 Abs. 1 WbG NW.
[224] Vorl. Verw. vorschr. z. Ausf. d. WbG NW v. 18. 3. 1975 (GABl. S. 247), zit. n. GdW NW 2.1, S. 101; § 3 2. WeitBiGDVO RP, a. a. O.; § 1 VO über die Bewertung der Bildungsarbeit in Einrichtungen der Erwachsenenbildung S i. d. F. v. 8. 5. 1980 (ABl. S. 637), zit. n. GdW S 2.1, S. 131.
[225] Vgl. z. B. § 1 Abs. 3 WeitBiG RP; § 2 Nr. 1b 2. WeitBiGDVO RP, a. a. O.; § 3 Abs. 5 Nr. 2 EBG S.
[226] § 2 Abs. 2 Nr. 1 WBG Bremen, § 5 Nr. 4.1 DVRichtl. WBG Bremen i. d. F. v. 1. 12. 1983 (ABl. S. 469), zit. n. GdW, Bremen 2.1, S. 51; § 15 Abs. 1 Nr. 1 DVO EBG Nds., a. a. O. Vgl. *Bockemühl*, Reverenz ohne Konsequenz, 1978.
[227] Vgl. die ausdrückliche Bezugnahme z. B. in § 2 Abs. 3 WBG BW.
[228] Grds. *Häberle*, Erziehungsziele und Orientierungswerte, 1981; *Cremer / Dahlhaus*, Politische Bildung, 1981. Krit. gegenüber einer Spezifizierung innerhalb der allgemeinen Weiterbildung *Knoll / Pöggeler / Schulenberg*, Erwachsenenbildung und Gesetzgebung, 1983, S. 83 - 88.
[229] z. B. § 2 Abs. 1 VO über die Förderung von Lehrveranstaltungen NW v. 9. 7. 1984 (GVBl. S. 467), zit. n. GdW, NW 2.1, S. 31; § 11 Abs. 1 S. 3 DVO WBG BW i. d. F. v. 27. 4. 1984 (GBl. S. 281, 287), zit. n. GdW, BaWü 2.1, S. 11; § 4 Nr. 3.2 DVRichtl. WBG Bremen, a. a. O.
[230] § 17 Abs. 3 WbG NW. Näher unten IX.
[231] Vgl. unten VIII.

stung oder zur Unterbindung von Parallelangeboten durch verschiedene Einrichtungen ein nicht aus dem Förderungsgebot rechtfertigbarer Übergriff. Für die Programmplanung könnten sich Begrenzungen aus dem Kooperationsgrundsatz ergeben, wenn die Programmabstimmung zur Kooperationsaufgabe und die Beteiligung an der Kooperation zur Förderungsvoraussetzung erhoben ist; verlangt werden kann mit der Abstimmung aber nur eine einvernehmliche, für alle Beteiligten günstige Anpassung, etwa auch hinsichtlich Ort und Zeit der Programmangebote, ohne unmittelbaren inhaltlichen Einfluß auf das Programm. Die nordrhein-westfälischen Bestimmungen zur Weiterbildungsentwicklungs- und Koordinationsplanung etwa erwecken Bedenken, soweit sie auf eine zentral gesteuerte Angebotsstruktur ausgerichtet sind. Die lückenlos vorgesehene Planung lief, so wie sie nach der früheren Planungsverordnung angelegt war[232], auf eine Angebotskartierung und ein Weiterbildungskataster hinaus[233], das zur Grundlage für eine zentrale Angebotssteuerung werden konnte. Dieser Weg würde zu einem Weiterbildungsdirigismus führen. Allein zulässig erscheint die Anregung oder Verpflichtung, sich um frei vereinbarliche Kooperation zu bemühen. Die Initiative dazu ließe sich auch, wie teilweise geschehen[234], als kommunale Pflichtaufgabe anordnen. Mehr als eine solche förderungsbezogene Einflußnahme gibt das pluralistische Förderungsgebot jedoch nicht her.

---

[232] Oben Fn. 204.
[233] Vgl. 1. Bericht Weiterbildung, 1982, S. 65.
[234] Vgl. oben IV, 1.

VI. Allgemeinzugänglichkeit der Angebote

1. Selbständigkeit und Öffentlichkeit

Der Grundsatz der Freiheit der Bildungsarbeit auf der Grundlage der Selbständigkeit der Träger und Einrichtungen, der nur in verfassungsrechtlich als besonders regelbar vorgesehenen Bereichen Einschränkungen unterliegt, läßt jede mit der Rechtsordnung vereinbare Bildungstätigkeit zu und verhindert, daß in die Organisationsfreiheit eingegriffen werden kann. Solange kein Anspruch auf Förderung geltend gemacht wird, braucht daher auf die Mindeststandards der Förderungsvoraussetzungen keine Rücksicht genommen zu werden. Die staatliche Förderung muß aber darauf bedacht sein, daß ihre Zuwendungen, die aus der Tasche der Allgemeinheit stammen, auch zu deren Vorteil ausgegeben und eingesetzt werden. Daher bedeutet Bildungsförderung nicht Subvention beliebiger Informations- und Kommunikationsprogramme. Neben der Qualifikation als Bildungsarbeit ist außerdem zu verlangen, daß diese nicht unter Ausschluß der Öffentlichkeit praktiziert, sondern daß die öffentlich geförderten Bildungsangebote, so sehr sie von der jeweiligen kulturellen Ausrichtung der Trägergruppen geprägt sein mögen, auch für jedermann zugänglich sein müssen. Dieses Komplementärprinzip zur staatlichen Förderung wird in allen Weiterbildungsgesetzen, teilweise als Grundsatzbestimmung, teilweise als Förderungsvoraussetzung vorgeschrieben[235]. Es entspricht nicht nur dem Gedanken des Pluralismus und der Gleichberechtigung, sondern auch einem demokratischen Begriff der Bildung, gegründet auf ungehinderte Information.

Darum bedeutet Allgemeinzugänglichkeit nicht nur den Preis für die Förderung, sondern ist ein selbstverständlicher Teil jeder Bildungsarbeit im Dienst der Allgemeinheit. Außerdem ermöglicht die Allgemeinzugänglichkeit nicht nur die ungehinderte Wahrnehmbarkeit der Bildungsangebote, sondern wirkt auch auf deren Qualifizierung als pluralistisch verwertbare Bildungsarbeit zurück. Jedenfalls dürfte die soziale Kontrolle für die Freiheit der Bildungsarbeit kein Nachteil sein. Die staatliche Förderung verhindert eine völlige Abhängigkeit auch von fehlgeleiteten Informationswünschen oder einseitigen Strömungen der Nachfragefreiheit; diese schützt im übrigen wie auch die Freiheit der Bildungsarbeit am besten vor inhaltlichen und organisatorischen Ein-

---

[235] Vgl. z. B. § 1 Abs. 2 S. 3, § 3 Abs. 1 Nr. 4 EBG S. Vgl. *Tietgens*, Institutionelle Strukturen, 1984, S. 291f.

seitigkeiten, denn beide ermöglichen eine gleichberechtigte Teilnahme aller Bildungsbestrebungen und einen Ausgleich der unterschiedlichen Richtungen.

Das pluralistische Bildungsspektrum erfährt dort, wo es in der demokratischen Staatsverwaltung einen Mitanbieter erhält, zugleich eine Verwandlung in eine innenpluralistische Erscheinungsform, die entsprechend der die Gesamtgesellschaft repräsentierenden Trägerschaft auch ein für die Gesamtheit akzeptables Bildungsangebot zur Verfügung zu stellen hat[236]. Dieser Zusammenhang wird gekennzeichnet durch die Verpflichtung der staatlichen und kommunalen Weiterbildungseinrichtungen zu einer rein sachbestimmten, neutralen und keiner anderen als der demokratisch-pluralistischen Ausrichtung folgenden Bildungsarbeit. Allgemeinzugänglichkeit heißt in diesem Fall auch für die pluralistische Interessentenschaft vorbehaltlos entgegennehmbare Vermittlung. Dieses Neutralitäts- und Ausgewogenheitsgebot erfordert zugleich eine gewisse Freistellung der staatlichen und kommunalen Weiterbildungseinrichtungen von ihrer Eingebundenheit in die öffentliche Verwaltung[237]. Auf dieser Ebene erscheint das Öffentlichkeitsgebot nicht als Folge der anzuerkennenden Selbständigkeit, sondern umgekehrt, weil die Öffentlichkeit hier schon durch die öffentliche Trägerschaft repräsentiert wird. Die Selbständigkeit erlaubt aber auch hier den unmittelbaren Anschluß an die allgemeine Öffentlichkeit, wie es von der Bildungsarbeit erwartet werden muß.

2. Förderung im Dienst der Allgemeinheit

Mit der Förderungsvoraussetzung der Allgemeinzugänglichkeit ergänzen sich die staatliche Weiterbildungsförderung durch die Länder und die Eigenschaft des Weiterbildungsbereichs als Teil des Bildungswesens; gefördert wird nicht die Einzelteilnahme oder die einzelne Bildungsveranstaltung, sondern der gesamte Bereich. Die Förderung ist daher als institutionelle oder Systemförderung ausgestaltet im Unterschied zu den individuellen Ausbildungsbeihilfen. Diese stehen in der beruflichen Fortbildung zum Teil im Vordergrund[238]. Mit der Förderung der allgemeinen Weiterbildung, die sich unmittelbar auf die Gesamtgesellschaft bezieht, soll dieser Bildungsbereich auch der Allgemeinheit möglichst weitgehend erschlossen werden. Bei den Ausbildungsbeihilfen wird über die Zuerkennung nach gleichen Maßstäben ebenfalls gleiche Zugänglichkeit erreicht; die institutionelle Förderung zielt aber mehr auf das Vorhandensein der Einrichtungen und das Zurverfügunghalten der Angebote als auf die Einzelteilnahme ab.

---

[236] Grds. *Schlaich,* Neutralität, 1972, S. 83 - 103; vgl. *Püttner,* Toleranz, 1977.
[237] Vgl. oben V, 1.
[238] Vgl. oben Fn. 32.

2. Förderung im Dienst der Allgemeinheit

Soweit die Selbständigkeit durch die allgemeine Zugänglichkeit eine breitere Basis und einen Zuwachs an sozialer Verantwortung erhält, wird sie durch den Grundsatz der Öffentlichkeit untermauert. Dieser Grundsatz könnte auch als Oberbegriff verstanden werden, der die Allgemeinzugänglichkeit und die daneben als Förderungsvoraussetzung angeordnete Offenlegung der Bildungstätigkeit umfaßt. Der Grundsatz der Offenlegung ist aber nicht an die allgemeine Öffentlichkeit gerichtet, sondern dient in erster Linie der Kontrolle der Mittelverwendung und erscheint daher als Sicherung der Allgemeinzugänglichkeit und Bildungsarbeit überhaupt. Er wird in sämtlichen Weiterbildungsgesetzen als Förderungsvoraussetzung aufgestellt und teilweise näher erläutert. So umfaßt die Pflicht zur Offenlegung Auskunft über die Arbeitsinhalte, die Arbeitsergebnisse, die Art und Zahl der Teilnehmer sowie des Personals und die Finanzierung[239]. Teilweise wird auch Auskunft über die Art und Weise der Bildungsarbeit verlangt[240]. Demnach soll ein umfassender Einblick in die Tätigkeit der geförderten Einrichtungen gewährt werden. Neben der Verwendungskontrolle kann die Auskunftspflicht zugleich statistischen Zwecken und damit der allgemeinen Übersicht über die Weiterbildungstätigkeit dienen. Da die Verteilung der Förderung sich nach der geleisteten Bildungsarbeit richtet, ist von der Offenlegung über die Finanzierung und Ausstattung der Einrichtungen kein Nachteil zu erwarten; sie erlaubt jedoch, Sonder- oder Zusatzförderungen, die nach Ermessen erteilbar sind, auch unter dieser Hinsicht nicht willkürlich zu vergeben. Angesichts der gleichen Regelförderung ist darin keine Benachteiligung zu sehen. Zum anderen sind Möglichkeiten der Sonderförderung als notwendige Ergänzung der allgmeinen Förderung zu betrachten, um die Flexibilität der Bildungstätigkeit nicht zu hemmen und Sonderleistungen nicht auszuschließen.

Dafür, daß der Bezug der Förderung auf die Bildungsarbeit gewahrt bleibt, sorgen die Vergabevorschriften. Dieser Bezug bildet auch die Grenze für die Offenlegungspflicht. Umgekehrt darf die Offenlegung nicht über die Förderungsvergabe und -kontrolle hinaus für andere Zwecke dienstbar gemacht werden. Die Herstellung einer Weiterbildungsstatistik hält sich noch in diesem Rahmen, da sie den Gesamtvergleich von Förderung und Weiterbildungstätigkeit und die Ermittlung des Stellenwerts ermöglicht, den die öffentliche Förderung einnimmt. Die Angaben können daher auch als Grundlage der Förderungspolitik herangezogen werden. Sicher können sie auch den öffentlichen Kooperationsgremien als Arbeitsgrundlage zur Verfügung stehen. Nicht zulässig wäre jedoch, sie für eine Einflußnahme auf das Programmangebot, z. B. im Rahmen der Kooperation, heranzuziehen, die mit den Grundsätzen der Selbständigkeit und Freiheit der Bildungsarbeit nicht mehr vereinbar wäre. Der Offenlegungsgrundsatz ist nur als Förderungsvoraussetzung mit

---
[239] § 5 Abs. 1 Nr. 6 WBG BW.
[240] § 4 Abs. 1 Nr. EBG Hessen.

diesen Prinzipien vereinbar, die zugleich seinen Mißbrauch in Richtung einer Fachaufsicht abwehren. Andererseits stellt die Offenlegung auch eine Sicherung der Allgemeinzugänglichkeit dar, die ihrerseits auf die Freiheit der Bildungsarbeit und die Selbständigkeit der Träger und Einrichtungen zurückwirkt. Ähnlich sichert die Offenlegung die Qualifikation der Bildungsarbeit. Die Transparenz der Bildungstätigkeit ist daher nicht nur für die Erstellung einer Berechnungsgrundlage, sondern auch hinsichtlich der weiteren Förderungsvoraussetzungen als unentbehrliches Hilfsmittel der Förderungsvergabe zu betrachten. Gleichzeitig erfüllt sie auch eine wichtige Aufgabe der Selbstkontrolle.

VII. Bedarfsgerechtes Angebot

1. Gleichmäßige Bildungsversorgung

Die Weiterbildungsgesetze erläutern als Zweck der staatlichen Förderung größtenteils ausdrücklich den Ausbau des Angebots. In § 1 Abs. 1 S. 2 WBG BW und Art. 2 EBG Bayern wird auf die Entwicklung eines breitgefächerten Bildungsangebots abgestellt und in Bayern wird das Ziel hervorgehoben, daß dafür im ganzen Land leistungsfähige Einrichtungen zur Verfügung stehen sollen; denselben Gedanken drückt das baden-württembergische Gesetz mit dem Begriff „flächendeckendes Bildungsangebot" aus, der in der Bildungsplanung eine große Rolle spielte und das bildungspolitische Anliegen der Weiterbildungsgesetze verdeutlicht.

Nachdrücklicher verlangt § 4 Abs. 1 WbG NW die Sicherstellung eines bedarfsdeckenden Angebots, wobei der Bedarf in § 2 Abs. 2 S. 3 – im Sinne der allgemeinen Weiterbildung – sehr weit, einschließlich des Strebens nach neuen Verhaltensweisen verstanden wird. Zur Verwirklichung dieses Zieles wird eine Grundversorgung in Form eines kommunalen Mindestangebots vorgeschrieben (§ 13). Am deutlichsten erläutert § 2 Abs. 1 WeitBiG RP das bildungspolitische Ziel, indem er die Aufgabe der Weiterbildung hervorhebt, durch bedarfsgerechte Bildungsangebote zur Chancengerechtigkeit beizutragen und Bildungsdefizite abzubauen. Als bedarfsgerecht gelten nach § 2 Abs. 2 Bildungsangebote, die dem einzelnen in zumutbarer Entfernung die Verwirklichung seiner Bildungsinteressen ermöglichen und mindestens ein Kernangebot umfassen.

Hinter diesen Zielsetzungen sind die Appelle der Bildungsplanung spürbar, der Weiterbildung größere Aufmerksamkeit zu widmen. Teilweise klingt auch die bildungsplanerische Aufbruchstimmung durch, die ungeheure Bildungsreserven zu entdecken geglaubt hatte und sich von einer Ausdehnung des Angebots eine gesteigerte Nachfrage vor allem der weniger gut vorgebildeten und in strukturell weniger gut ausgestatteten Regionen lebenden Bevölkerungsteile versprach, womit ganz von selbst ein weithin wirksamer gesellschaftspolitischer Ausgleichseffekt erreichbar schien. Manche Stellungnahmen gingen von völlig unbegrenzter Bildungswilligkeit, -fähigkeit und -wirksamkeit in der Gesellschaft aus[241]. Aber auch aus einer eher nüchternen Warte traf die regionale Unterschiedlichkeit der Bildungsangebote nach Umfang und Inhalt auf

---

[241] Grds. Strukturplan für den Aufbau, 1975.

Kritik und wurde mindestens unter dem Gesichtspunkt der strukturellen Ausstattung als nicht akzeptable Benachteiligung gewertet[242]. So entstand die Forderung nach einem lückenschließenden und flächendeckenden Angebot[243].

2. Probleme der Nachfragestruktur und Angebotsplanung

Während diese Forderung zunächst vielfach auf ein überall gleichmäßiges Angebot gerichtet war, setzte sich schnell die Einsicht durch, daß mit gesteigerten Durchschnittsangeboten nicht auf einen unbegrenzten Bedarf zu treffen war[244] und die Angebotspraxis nicht etwa das Verhältnis von Angebot und Nachfrage zugunsten des traditionellen Übergewichts der Bildungsinteressen aus Bevölkerungskreisen mit ohnehin guter Vorbildung und der städtischen und dichter besiedelten Regionen nur einseitig verzerrte, sondern auf grundsätzlich bestehende Bedarfsunterschiede zurückging[245]. So erscheint selbstverständlich, daß im großstädtischen Bereich ein vielseitiger Weiterbildungsbedarf besteht, der durch das kulturelle und informative Gesamtangebot teilweise ausgeglichen wird. Im mittelstädtischen, wirtschaftlich und kulturell aktiven Bereich ist aber einerseits dieses Zusatzangebot nicht in derselben Breite, andererseits aber auch keine wesentliche Verminderung der Weiterbildungsinteressen zu beobachten; darum kommt hier ein erheblicher Bedarf zum Ausdruck. Dagegen bestehen im ländlichen Raum nicht dieselben wirtschaftlichen und kulturellen Anknüpfungspunkte für Weiterbildungsinteressen und nicht dieselben Bevölkerungsdichten, um eine entsprechende Bildungsnachfrage zu ermöglichen[246]. Neben dieser grundsätzlichen Verteilung der Weiterbildungsnachfrage wirkt sich der wirtschaftliche und infrastrukturelle Charakter der einzelnen Region und die davon bestimmte Zusammensetzung der Bevölkerung auf den Bildungsbedarf im einzelnen aus. Danach lassen sich sozial- und bildungsaktive von weniger dynamischen sowie nach thematischen Interessen differenzierte Regionen unterscheiden[247]. Die Angebotsproblema-

---

[242] *Tietgens*, Orientierungsgesichtspunkte, 1975, S. 24 - 35.
[243] Vgl. *Keim / Olbrich / Siebert*, Strukturprobleme, 1973, S. 195; *Otto*, Örtliche und überörtliche Volkshochschulen, 1974; *ders.*, Weiterbildung im Rahmen kommunaler Zusammenarbeit, 1980; *Sauberzweig*, Thesen, 1975; *ders.*, Bildungsreform und Stadtkultur, 1978; *Schulenberg*, Gesellschaftliche Anforderungen, 1981.
[244] Vgl. die kritischen Einwände bei *Feidel-Mertz*, Erwachsenenbildung, 1975, S. 92f.; *Meister*, Freiheit vom Staat, 1975, S. 57; *Hamacher*, Entwicklungsplanung, 1976, S. 19 - 22.
[245] Vgl. auch Berichtssystem Weiterbildungsverhalten, 1980, 1982; grds. *Weinberg*, Stand der Forschung, 1984, S. 33f.; *Tietgens*, in EE, S. 336 - 341.
[246] Vgl. die Übersichten zum Kultur- und Bildungsbereich in Statistisches Jahrbuch deutscher Gemeinden, hrsg. v. Deutschen Städtetag, Köln.
[247] Dazu *Klaus-Roeder*, Sozialräumliche Strukturen und Weiterbildung, 1983; *Weishaupt*, Sozialraumanalyse und regionale Bildungsplanung, 1983. Vgl. auch Analyse der Weiterbildungsangebote, 1980.

tik gewinnt damit ein vielfältigeres Aussehen und läßt sich nicht ohne Rücksicht auf den jeweiligen wirtschaftlichen und soziokulturellen Zusammenhang beurteilen.

Daher kommt es neben Durchschnittsangeboten vor allem auf eine sozialräumliche und gruppenorientierte Programmplanung an, die mit ihren Angeboten auch die örtlichen und regionalen Bedürfnisse fördern und außerdem in die verschiedenen Sozialbereiche vordringen kann[248]. Dazu bedarf es freilich einer expansiven und nicht zu isolierender Programmauslese gezwungenen Angebotsplanung. Zunehmend erforderlich erschien daher ein Ausbau des teilnehmerorientierten Angebots in Form der Zielgruppen-, Stadtteil- und Regionalarbeit[249]. Außerdem mußte eine verbesserte Bildungsberatung vordringlich erscheinen[250].

Voraussetzung für eine differenzierte Angebotserweiterung und Vitalisierung der Nachfrage ist auch, daß die Bildungsprogramme der nebeneinander tätigen Einrichtungen kooperativ abgestimmt und ergänzt sowie der Öffentlichkeit ausreichend bekanntgemacht werden. Diesem Ziel dient in erster Linie der Kooperationsgrundsatz, der in die Weiterbildungsgesetze Aufnahme gefunden hat[251]. Besonders strikt steuert das nordrhein-westfälische Weiterbildungsgesetz dieses Ziel an, indem es die kommunale Weiterbildungsentwicklungs- und -koordinationsplanung als kommunale Pflichtaufgabe einführt, die zu einer zentralen Angebotsübersicht und -entwicklung beitragen kann und schließlich eine landesweite Angebotspolitik ermöglicht[252]. So richtig der Ansatzpunkt ist, so gefährlich kann die zentralistische Ausrichtung sowohl im örtlichen und regionalen als auch im landesweiten Rahmen werden, denn sie stellt ein Spannungsfeld mit der Selbständigkeit der Träger und Einrichtungen und der Freiheit der Bildungsarbeit her. Nur unter Beachtung dieser auch verfassungsrechtlich gesicherten Grundsätze ist eine Mitwirkungspflicht der freien Träger und Einrichtungen an der Entwicklungsplanung[253] sowie ein steuernder Einfluß auf die Angebotsplanung zulässig.

---

[248] Vgl. *Tietgens*, Einleitung, 1979, S. 86 - 95; *ders.*, Angebotsplanung, 1982; *Strunk / Sarges / Haeberlin*, Programm- und Angebotsplanung, 1986; *Weitkamp*, Bedarfsermittlung, 1986.
[249] Vgl. oben Fn. 117 sowie Stichwort Dezentralisierung, 1979; Fortschreibung des Bildungsgesamtplans, 1982; *Knoll / Pöggeler / Schulenberg*, 1983, S. 58 - 115; *Tietgens*, in EE, S. 446 - 450; *Gieseke*, Adressatenorientierung, 1986; *Sarges*, Zielgruppenbildung, 1986.
[250] Vgl. oben Fn. 118.
[251] Dazu unten VIII.
[252] Vgl. oben V, 2.
[253] Nach §§ 12 Abs. 1, 23 Abs. 2 Nr. 7 WbG NW in der Form des gegenseitigen Benehmens.

VII. Bedarfsgerechtes Angebot

3. Grund- und Kernangebot

Die Weiterbildungsgesetze, die den bildungspolitischen Appell konkretisieren mußten, konnten sich bei dieser Aufgabe nicht von einem realistischen Rahmen lösen, der mit dem Bestreben nach einem breitgefächerten, leistungsfähigen Angebot im ganzen Land am besten zum Ausdruck kommt[254]. Eher auf die planerische Ideologie ausgerichtet ist die Forderung nach einer Grundversorgung[255] oder einem Kernangebot[256], die den Gedanken eines gleichmäßigen Bildungsstandards mit einem Mindestprogramm verwirklichen will. Die einschränkende Interpretation, die das nordrhein-westfälische Mindestangebot durch den gesetzlichen Bedarfsbezug erfährt[257], zeigt jedoch, daß auch die öffentlich-rechtlich getragene Bildungsversorgung nicht als nachfrageunabhängige Bildungsvorsorge gedacht ist. Entsprechend ist das Kernangebot in Rheinland-Pfalz nur ergänzend zu sichern. Der Unterschied ist freilich bezeichnend; in Rheinland-Pfalz bleibt der Angebotscharakter und damit die Nachfrage bestimmend, während in Nordrhein-Westfalen der Akzent auf die Versorgung und staatliche Zuteilung gelegt wird. Entsprechend soll in Rheinland-Pfalz das frei zusammengesetzte Angebot nur soweit nötig ergänzt werden, in Nordrhein-Westfalen dagegen durchgängig ein bestimmtes kommunales Mindestangebot zur Verfügung stehen. Die Ergänzungsaufgabe fügt sich ohne weiteres in die gruppenbestimmten Positionen der Weiterbildung ein, die Grundversorgung dagegen verändert die Angebotskonkurrenz und läßt sich nicht prinzipiell, sondern nur in Anbetracht ihrer maßvollen Ausgestaltung mit der Angebots- und Nachfragefreiheit vereinbaren[258].

Immerhin wird auf beiden Wegen eine Bildungstätigkeit in einem Mindestumfang auf den Hauptgebieten der allgemeinen Weiterbildung verlangt, wenn auch die Programmgestaltung im einzelnen frei bleibt. Daher führt das gesetzliche Mindest- oder Kernangebot aber kaum zu veränderten Angebotsleistungen. Dagegen sorgt die gesicherte Finanzierung des vorgeschriebenen Mindestmaßes an Bildungstätigkeit dafür, daß die Programme darüber hinaus verbreitet werden können. Das heißt im Ergebnis, daß es darauf ankommt, eine Ausdehnung des Angebots zugunsten der früher nicht erfüllbaren Mehrnach-

---

[254] Art. 2 EBG Bayern.
[255] § 13 WbG NW.
[256] §§ 2 Abs. 2, 6 Abs. 1 WeitBiG RP.
[257] § 4 Abs. 1 WbG NW sowie Mindestteilnehmerzahl von zehn Personen als Förderungsvoraussetzung, vgl. § 13 Vorl. Verw.vorschr. z. Ausf. d. WbG. v. 18.3.1975 (GABl. S. 247) und VO über die Förderung von Lehrveranstaltungen v. 9.7.1984 (GVBl. S. 247), zit. n. GdW, NW 2.1.
[258] Vgl. oben IV, 2. Insofern trifft die Kritik gegen die Aufnahme des Begriffs im Rundfunkbereich auch für die Weiterbildung zu, vgl. BVerfGE 73, 118; BVerfG DVBl. 1987, 834 = VBlBW 1987, 451 mit Anm. v. *Püttner*. Während es im Rundfunkbereich um die Eröffnung der privaten Konkurrenz geht, wurde im Weiterbildungsbereich umgekehrt mit ihrer Einschränkung begonnen.

3. Grund- und Kernangebot

frage und der eher vernachlässigten Mindernachfrage zu ermöglichen. Mit einem gleichmäßig vorgehaltenen Standardprogramm allein wäre dagegen weder in die Breite noch in die Tiefe der Bildungsbedürfnisse hineinzuwirken. Ein festes Durchschnittsprogramm wäre angesichts der unterschiedlichen Bildungsmotivationen und gruppengebundenen Interessen nur beschränkt einsetzbar[259]. Außerdem sind Bildungsprogramme im Unterschied zu Informations- und Unterhaltungsprogrammen nicht für die beliebige Abrufbarkeit geeignet, sondern verlangen einen kontinuierlich aufgebauten Unterricht unter Einbeziehung der Lernenden.

Freilich eignen sich gerade standardisierte Bildungsprogramme auch für die einseitige Vermittlung durch die Medien; damit kann aber nur ein Ausschnitt aus den Bildungsbedürfnissen erfaßt und dieser auch nur zum Teil befriedigend bedient werden[260]. Selbst unter erweiterten technischen Möglichkeiten dürfte die örtlich und individuell ausgerichtete Bildungsveranstaltung mit persönlich anwesenden Teilnehmern nicht überflüssig werden. Der Aufwand für ein nicht abgerufenes Vorhalteprogramm wäre aber nicht zu rechtfertigen. Bei geringer Gesamtnachfrage könnten staatlich organisierte Programme auch ungerechtfertigt gegenüber anderen Programmangeboten in den Vordergrund drängen.

Ein Grundangebot mit fester Zusammensetzung und gleichmäßiger Verbreitung erscheint daher illusorisch. Erforderlich ist vielmehr eine Orientierung an den jeweiligen Bildungsbedürfnissen und am Gesamtangebot. Die Regelungen in Nordrhein-Westfalen und Rheinland-Pfalz verstehen unter Grundversorgung und Kernangebot auch nur ein gesichertes Mindestmaß an Bildungstätigkeit ohne grundsätzlich veränderte Angebotskonzeption. Das Grundangebot dient aber nicht nur der Berücksichtigung eines fachlichen, sondern auch eines persönlichen Bedarfs, da für viele Interessenten im Gegensatz zur gruppenorientierten Motivation die Möglichkeit des Zugangs zu einem neutralen Angebot[261] entscheidend ist. Unter diesem Gesichtspunkt erfüllt das staatlich oder kommunal getragene Programmangebot auch eine Integrationsaufgabe im vielfach für die Allgemeinheit nur beschränkt nutzbaren Angebotsprofil. Insoweit ergänzen sich pluralistische Vielfalt und öffentliche Neutralität und wird das durch die öffentliche Verwaltung organisierte Angebot zu einem notwendigen Bestandteil im Weiterbildungsbetrieb. Im Grundangebot treffen daher verschiedene Anforderungen zusammen, die nicht nach festem Schema, sondern nur flexibel berücksichtigt werden können. Letztlich entscheidet die Nachfrage, im Zweifel mit Vorrang vor Min-

---

[259] Dazu Berichtssystem Weiterbildungsverhalten, 1980, 1982.
[260] Erweiterte Möglichkeiten bietet die moderne Medientechnik, aber bis zur Bildungsveranstaltung am programmintegrierten Computerbildschirm im Normalhaushalt dürfte ein weiter Weg sein. Vgl. auch *Kadelbach*, in EE, S. 433 - 435.
[261] Vgl. oben V, 1.

VII. Bedarfsgerechtes Angebot

deststundenzahlen. Daher macht sich auch die Neufassung des EBG Nds. die Begriffe Grundversorgung und Kernangebot nicht zu eigen, sondern bekennt sich ohne programmatischen Aufwand auf der Grundlage der staatlichen Förderungsaufgabe zum allein tragfähigen Leitgrundsatz der nicht in bestimmte Rechtsverhältnisse einbezogenen Weiterbildung, dem Grundsatz der Freiheit des Angebots und der Freiheit der Nachfrage[262].

---

[262] § 1 Abs. 3 EBG Nds.

VIII. Kooperation

1. Gesetzlich angeordnete Zusammenarbeit

In der Auseinandersetzung darüber, wie der Weiterbildungsbereich bestmöglich auszugestalten ist, erhielt das Prinzip der Kooperation wachsende Bedeutung, da es weder auf einen ordnenden Einfluß verzichtet, noch zur Staatsintervention führt[263]. So konnte es als der richtige Mittelweg erscheinen, um unerwünschter Uneinheitlichkeit zu steuern, ohne die freiheitlich-pluralistische Organisation durch ein öffentlich-rechtliches Angebotssystem unter Druck zu setzen. Neben der Kooperation auf Landesebene[264] führte die Mehrzahl der Weiterbildungsgesetze auch regionale, ein Teil davon auch örtliche Kooperationsgremien ein[265] mit teilweise genauerer Beschreibung der Kooperationsaufgaben[266]; teilweise wird die Beteiligung an der Kooperation ausdrücklich zur Anerkennungs- bzw. Förderungsvoraussetzung erklärt[267].

Während die zentrale Kooperation die grundsätzlichen Fragen zur Situation und Entwicklung der Weiterbildung zu beraten, die leitenden Vorstellungen für die Zusammenarbeit der Bildungs- und kulturellen Einrichtungen und die Kriterien für die maßgeblichen Angebote, für die Mitarbeiterfortbildung, für die Anerkennung von Abschlußnachweisen sowie für eine Wirksamkeitskontrolle der Bildungsarbeit zu entwickeln hat[268], dient die lokal-regionale Kooperation dem gemeinsamen Vorgehen bei der Information über das Angebot, bei der Programmgestaltung, bei der Bildungswerbung und -beratung und bei der Nutzung der Einrichtungen[269].

2. Vorteile und Grenzen der Kooperation

Dieses Kooperationskonzept erscheint geeignet, eine gewisse Koordination der Weiterbildungsarbeit in Richtung auf ein übersichtlich geordnetes, allseitig zugängliches und leistungsfähiges Weiterbildungssystem zu bewirken[270].

---

[263] Vgl. schon Gesamtplan für ein kooperatives System, 1968.
[264] § 15 EBG Nds.; § 15 EBG S.
[265] z.B. Art. 6 EBG Bayern.
[266] § 21 WeitBiG RP. Vgl. oben IV, 1.
[267] § 7 Abs. 1 Nr. 10 WeitBiG RP; § 4 Abs. 2 Nr. 2 WBG Bremen.
[268] Vgl. den Katalog in § 19 WeitBiG RP. Dazu *Krausnick-Horst*, Aufgaben, 1979.
[269] Vgl. § 21 WeitBiG RP.
[270] So einstimmig die Bildungsplanung, vgl. Fortschreibung, 1982, S. 74f. Vgl. auch *Jüchter*, Kooperation, 1979.

Aber gerade der Vorteil der pluralistischen Angebotsstruktur, ein vielschichtig aufgefächertes und nach den unterschiedlichsten, teilweise auch eng verbundenen, sich überschneidenden und ergänzenden Interessen aufbereitetes Programm mit einer entsprechend breiten Publikumswirksamkeit bereitstellen zu können, setzt den Bemühungen Grenzen, die Nachteile, die zugleich an Unübersichtlichkeit, unnötiger Konkurrenz, fachlicher Disparität und Aufwendigkeit mit der pluralistischen Bildungsarbeit verbunden sind, durch Koordination einzuschränken. Die Eigenständigkeit der Träger und Einrichtungen läßt außerdem schon aus organisatorischen Gründen nur eine begrenzte Koordination zu[271].

Davon abgesehen, ließe sich ein Kooperationszwang nur soweit mit der grundrechtlich geschützten Betätigungsfreiheit der Weiterbildungsveranstalter vereinbaren, wie damit keine Eingriffe in die Programmfreiheit verbunden sind, da nicht nur die pluralistische Angebots-, sondern auch eine unbeschränkbare Nachfragefreiheit zu berücksichtigen sind. Da die gleichen Programmangebote bei verschiedenen Einrichtungen verschiedene Publikumsschichten anziehen, würde ein bereinigtes Angebotssystem die speziellen Interessentenkreise, die für bestimmte Einrichtungen jeweils bestehen, teilweise ausklammern[272]. Diese Straffung würde sich gerade gegen ihr Ziel richten, durch möglich werdende Zusatzangebote größere Bevölkerungskreise für die Weiterbildung zu gewinnen; vielmehr wäre mit einer Verarmung der Nachfrage im ganzen zu rechnen.

Anders verhält es sich in Bereichen der Weiterbildung, in denen gleich ausgerichtete Trägergruppen ein rein sachbezogenes, technisches Ausbildungsprogramm anbieten wie zum Teil in der beruflichen Fortbildung. Soweit kooperative Koordination mit der Verbindung zum Arbeits- oder Ausbildungsplatz vereinbar ist, haben sich in diesem Bereich daher auch stark koordinierte Fortbildungsprogramme entwickelt, so zum Beispiel bei der überbetrieblichen Fortbildung. Dahinter steht neben einer fachlich und sachlich stark erweiterten Koordinationsfähigkeit ein besonders pragmatisches Ausbildungs- und vor allem ein wirtschaftliches Interesse an möglichst hoher Effektivität. Aber selbst in diesem Bereich wäre eine lückenlose Koordination schon praktisch nicht verwirklichbar.

Eine förderliche Zusammenarbeit unter verschiedenen Trägergruppen kann sich leichter durchsetzen, wenn es nicht um gleiche Programmangebote, sondern um Zusatz- und kombinierte Programme geht wie bei der Zusammenarbeit zwischen beruflicher Fortbildung und allgemeiner Weiterbildung; in diesem Bereich gehören koordinierte Programme zum Regelangebot[273] und

---

[271] Vgl. *Helmer,* Kooperation; *Knoll / Pöggeler / Schulenberg,* Erwachsenenbildung und Gesetzgebung, 1983, S. 164 - 167; *Tietgens,* in EE, S. 423 - 426.
[272] Vgl. Berichtssystem Weiterbildungsverhalten, 1980, 1982.
[273] Vgl. oben I, 2.

2. Vorteile und Grenzen der Kooperation

steht der Kooperation die Konkurrenz und das Bedürfnis nach freier Beweglichkeit bei der Programmplanung weniger entgegen. Innerhalb der allgemeinen Weiterbildung jedoch schränkt die Komplexität der Angebots-Nachfrage-Situation die Kooperationsfähigkeit und -bereitschaft ein. Koordinierende Kooperation ist daher nur in geringem Ausmaß praktikabel, etwa soweit sie zu terminlichen und Raumnutzungs- sowie zu Abstimmungen bei der Programminformation führen soll.

Bestimmte Koordinationspflichten würden mit den Freiheitsrechten der Anbieter in Konflikt geraten. So wäre schon die Anordnung einer koordinierten Bildungsberatung ohne ausreichende Möglichkeit der Selbstdarstellung durch die Anbieter problematisch; bei der Auferlegung der Bildungsberatung als kommunale Pflichtaufgabe[274] wäre für den Fall der eigenen kommunalen Weiterbildungsarbeit eine angemessene aktive Beteiligungsmöglichkeit der sonstigen Veranstalter an der Beratung vorzusehen. Im Vordergrund der Kooperation steht im ganzen jedoch die gegenseitige Information der beteiligten Träger und Einrichtungen mit dem Ziel der freiwilligen Schwerpunktbildung im jeweiligen Programmangebot und der ständigen Verbesserung der Angebote im Hinblick auf Bildungsbedarf und Bildungsqualität, Bildungswerbung und Bildungsvielfalt. In der nachfragefreundlichen Abstimmung, dem Erfahrungsaustausch und der Verstärkung der Verantwortung für den Weiterbildungsbereich liegt die besondere Bedeutung und Aufgabe der Kooperation. Die verfassungsrechtliche Situation macht die Kooperation zur Grundlage jeder strukturellen Weiterentwicklung; sie stellt die entscheidende Ergänzung zur Selbständigkeit der Träger und Einrichtungen und Freiheit der Bildungsarbeit und Nachfrage dar und verspricht eine bessere Bewältigung der komplexen Weiterbildungsanforderungen als jeder planerische Dirigismus.

Die Kooperationsaufgaben der Weiterbildungsgesetze wollen wenigstens ein Mindestmaß an Koordination erreichen, um ein bloßes Nebeneinander zu vermeiden und gemeinschaftlichen Einsatz, soweit wirksamer, anzuregen, ohne die produktive Vielfalt anzutasten. So erscheint auch als richtiger Weg, die Entwicklung eines Grund- bzw. Kern- oder Mindestangebots der Kooperation aufzutragen. Diesen Weg gehen die meisten Weiterbildungsgesetze. Dagegen, daß die Bildung und Leitung von Kooperationsgremien als kommunale Pflichtaufgabe angeordnet wird, ist nichts einzuwenden, solange keine Koordinationspflicht auferlegt wird. Die weitergehende Lösung, ein Mindestprogramm nicht als kooperative Leistung, sondern ebenfalls durch Anordnung als Pflichtaufgabe sicherzustellen, könnte dagegen zu festen Programmblöcken und einer zentralistischen Programmpolitik führen. Diese Befürchtung drängt sich auch auf, wenn zur Grundlage der Kooperation die kommu-

---

[274] Vgl. Weiterbildungsberatung als kommunale Aufgabe, 1981; *Braun / Erhardt*, Weiterbildungsberatung als kommunale Aufgabe, Projekterfahrungen und Konsequenzen, HBV 1980, 29 - 36; Fortschreibung, 1982.

nale Weiterbildungsentwicklungsplanung erhoben und eine kommunale Koordinationsplanung eingeführt wird. Eine Koordinationsplanung, die auch die nichtkommunalen Veranstalter verpflichten würde, wäre nur in engem Rahmen mit deren Selbständigkeit vereinbar; eine Verpflichtung für kommunale Anbieter müßte an die Grenzen der kommunalen Selbstverwaltungsgarantie stoßen und wäre daher nur zulässig, soweit nicht die Eigenständigkeit der Programmplanung und Angebotsleistung aus der Hand genommen wird. Das WbG NW sieht jedoch von einer bindenden Anordnung ab. Dagegen wird die Entwicklungsplanung auf eine zentrale Angebotsbeeinflussung und -lenkung hin angelegt[275]. Diese Tendenz richtet sich gegen den Grundsatz der Angebots- und Nachfragefreiheit und ist mit der allein zulässigen kooperativen Angebotsentwicklung nicht vereinbar. Gerade auch hinsichtlich der kommunalen Weiterbildungsarbeit erscheint wichtig, daß sie im kooperativen Verbund zur Angebotsleistung beiträgt und nicht zu einer Auseinanderentwicklung der kommunalen und sonstigen Programmangebote führt und damit ein zweigleisiges System der allgemeinen Weiterbildung heraufbeschwört.

Eine wichtige Ergänzung der Weiterbildungsarbeit über die bereichsinterne Kooperation hinaus, sei es im Bereich der allgemeinen Weiterbildung oder zwischen allgemeiner Weiterbildung und beruflicher Fortbildung, stellt die übergreifende kulturelle Kooperation dar, die vor allem auf kommunaler Ebene natürliche Tradition ist und im baden-württembergischen Weiterbildungsgesetz mit der Zusammenfassung der Weiterbildungs- und Bibliotheksförderung aufgegriffen wird. In § 1 Abs. 3 WBG BW wird die Ergänzungsaufgabe der Bibliotheken für die Weiterbildung besonders hervorgehoben. Im nordrhein-westfälischen Weiterbildungsgesetz wird ganz grundsätzlich die Bedeutung der örtlichen Kulturkooperation herausgestellt (§ 16)[276]. Besonders wichtig für die weitere Entwicklung dürfte die Zusammenarbeit mit den Medien werden. Nicht nur die neue pluralistische Rundfunkordnung, sondern auch die neuen Möglichkeiten der Informationstechnik lassen große Chancen für eine Erweiterung und Intensivierung der Weiterbildung in vielen Informationsbereichen erwarten[277]. Das vielfach eifersüchtige Gerangel in der Weiterbildungskooperation wird daher mit der Notwendigkeit, sich auf neue Tätigkeitsebenen einzustellen, konfrontiert. Zunächst ist schon der Zuwachs an Weiterbildungsaufgaben zur Etablierung der neuen Medienbereiche beträchtlich.

---

[275] Vgl. oben IV, 3.
[276] Wobei sich die auferlegte Regelungspflicht aber nicht mit der kommunalen Selbstverwaltungsgarantie verträgt; vgl. *Losch*, Kommunale Kompetenzprobleme, 1987, S. 153.
[277] Zurückhaltend *Kadelbach*, in EE, S. 433 - 435; vgl. *ders.*, Neue Medien, 1986; Weiterbildungsbedarf im Medienbereich, 1986. Vgl. auch die Zeitschrift Weiterbildung und Medien, hrsg. v. Adolf-Grimme-Institut, Marl.

IX. Mitwirkung

1. Demokratische Transparenz

Die Mehrzahl der Weiterbildungsgesetze verlangt, daß die Träger oder Einrichtungen eine Satzung für die Bildungsarbeit erlassen. Zum Teil bezieht sich die Vorschrift nur auf Träger, die sich nicht allein der Weiterbildungsarbeit widmen, also vor allem kommunale, kirchliche und Verbands-Träger und schreibt in diesem Fall vor, daß die Bildungseinrichtung von den übrigen Aufgaben des Trägers erkennbar abgegrenzt und unter satzungsgemäßer Mitwirkung eines unabhängigen, extern besetzten Gremiums zu betreiben ist[278]. Diese Bestimmung verfolgt den Zweck, die Bildungsarbeit einer pluralistischen, gegen einseitige Interessenwahrnehmung gerichteten Kontrolle zu unterwerfen. Im bremischen Weiterbildungsgesetz wird für diese Trägerschaften angeordnet, daß durch Satzung eine zweckentsprechende Mittelverwendung sicherzustellen ist[279]. Demselben Ziel dient der Offenlegungsgrundsatz, der in allen Weiterbildungsgesetzen zur Förderungsvoraussetzung erhoben ist[280]. Die statistische Offenlegung erlaubt nicht nur eine Kontrolle der Mittelverwendung, sondern macht diese auch einer näheren Einschätzung zugänglich und stellt die Verantwortung für die Fördermittel in einen übergreifenden Zusammenhang, der die Verpflichtung der Bildungsarbeit auf das öffentliche Wohl bewußt macht. Damit dürfte sich die Offenlegung auch als Reflex der Teilnahme an der demokratischen Bildungsarbeit in Richtung auf eine interne Transparenz auswirken.

Soweit im Rahmen der staatlichen Förderung eine förmliche Aufgaben- und Verfahrensregelung verlangt wird, soll der Kontroll- und Transparenzgedanke sachlich erweitert zum Zug kommen, indem der Innenbereich eine offizielle Strukturierung erhält, die zugleich einen Vermittlungsprozeß ihrer internen Wirkung nach außen in Gang bringen kann. Umgekehrt wird sie nicht ohne Rücksicht auf ihre externe Kompatibilität zu gestalten sein und bedeutet daher eine Rückwirkung des demokratischen Status auf die innere Ordnung.

Noch deutlicher kommt der demokratische Effekt zum Ausdruck, soweit ein pluralistisches Mitwirkungsgremium vorgeschrieben wird, das zugleich mit seiner neutralisierenden Aufgabe eine weitergehende Wechselwirkung mit

---

[278] § 3 Abs. 4 VHG Hessen; § 3 Abs. 4 EBG S; § 3 Abs. 5 EBG Nds.
[279] § 3 Abs. 5 WBG Bremen.
[280] Oben VI, 2.

gesellschaftlichen Belangen verbindet und einen fördernden Einfluß auf die interne Transparenz ausübt. Im Mittelpunkt aller dieser Regelungen steht jedoch das Bildungsprogramm als solches und weniger das Verfahren zu seiner Gestaltung.

2. Mitwirkung und Mitbestimmung

Mit ganz anderer Zielrichtung schreiben die Weiterbildungsgesetze in Bremen und Nordrhein-Westfalen vor, daß Satzungen zur Mitbestimmung von Lehrenden und Lernenden bzw. über die Stellung der Mitarbeiter und die Mitwirkung aller Beteiligten zu erlassen sind[281]. Hier geht es um die interne Zusammenarbeit und das Entscheidungsverfahren in der Bildungseinrichtung. Dagegen ist die Mitwirkung externer Gremien nach den oben genannten Vorschriften nur als zusätzliche Beratung vorgesehen mit einer primär von außen herangetragenen pluralistischen Orientierung. Denselben Effekt der Pluralismus-Pflege strebt aber zugleich die Mitwirkungsvorschrift in Nordrhein-Westfalen an, die ausdrücklich der Sicherung einer bedarfsgerechten Weiterbildungsarbeit dienen soll. Hier sind daher die Leitgedanken einer pluralistisch bestimmten Gemeinnützigkeit und einer auch intern allseitig mitgetragenen Verwaltung der Einrichtung zusammengefaßt. Im bremischen Gesetz geht es dagegen in erster Linie um die Partizipation. So wird im ersten Fall nur eine Mitwirkung bei der Leitung, im zweiten aber ausdrücklich die Mitbestimmung angeordnet.

Die Einführung der Mitwirkung und Mitbestimmung geht auf die teilweise sehr angespannte Diskussion zurück, die sich im Anschluß an die Regelung der wirtschaftlichen Mitbestimmung auch in den Weiterbildungsbereich hinein ausdehnte. Dort bot sich vor allem ein Ansatzpunkt an der Stellung der kommunalen Volkshochschulen gegenüber ihren Trägern bzw. an der Konkurrenz der kommunalen Bildungsarbeit mit der vorgesetzten Verwaltung. Einige aufsehenerregende Konfliktfälle führten zu heftigen Auseinandersetzungen[282]. Der Schwerpunkt der Diskussion verlagerte sich zunehmend von der demokratisch-partizipatorischen Begründung der Mitwirkung auf die pädagogisch-emanzipatorische, die sich gegen jede Bevormundung und Tradition wandte und über die Forderung nach gleichberechtigter Bildungsteilhabe hinaus teilweise auch als Mittel zur Befreiung von hergebrachten Maßstäben der Bildungsarbeit und zur ideologischen Interessenvertretung mißverstanden wurde.

In den Vordergrund gelangte aber schließlich ein sachliches Verständnis der Mitwirkung als Organisationsprinzip oder Verfahren, das die Selbständigkeit der Bildungsarbeit gegenüber dem kommunalen Träger ermöglichen, unter-

---

[281] § 4 Abs. 2 Nr. 9 WBG Bremen; § 4 Abs. 4, § 17, § 23 Abs. 2 Nr. 10 WbG NW.
[282] *Frymark*, Kommunalisierung der Volkshochschule, 1977; *ders.*, Wirkungen institutioneller Bedingungen, 1982; Kursleiter-Initiative, 1977.

2. Mitwirkung und Mitbestimmung

stützen und sichern kann[283]. Damit war der Anschluß an frühere Überlegungen zur Mitwirkung gefunden, die in der Bildungsplanung zur Organisation der Bildungsarbeit angestellt wurden und, verbunden mit Gesichtspunkten der Kooperation und Pluralismus-Sicherung, schon im traditionellen Volkshochschulbeirat Ausdruck gefunden hatten[284]. Neben der Eigenständigkeit der Bildungsarbeit bildet die demokratische Einbeziehung der Betroffenen, mit der die besondere Respektierung grundrechtlich angelegter Rechtspositionen und der Gedanke der Selbstbestimmung verknüpft sind, die maßgebliche Grundlage für die Regelung der Mitwirkung.

Durch eine beratende Beteiligung, wie in § 4 Abs. 4 und § 17 Abs. 3 WbG NW mit dem Terminus Mitwirkungsrecht vorgezeichnet, wird das privat- oder öffentlich-rechtlich vorgegebene Entscheidungsrecht der Träger über die Einrichtungen inhaltlich nicht eingeschränkt, aber einem besonderen Verfahren unterworfen. Zwar ist auch das Verfahren in der Einrichtung ein Teil der privatautonomen Gestaltungsbefugnis und der kommunalen Organisationshoheit, aber der gesetzgeberische Einfluß darauf wird durch den verfassungsrechtlich getragenen Zweck der institutionellen Weiterbildungsförderung gerechtfertigt, in deren Dienst der Mitwirkungsgrundsatz gestellt ist. Freilich kann je nach Gewicht der Beratungsrechte auch ein erheblicher Druck zur einvernehmlichen Verständigung und zu einem Verfahren ausgeübt werden, das die einseitige Wahrnehmung der Entscheidungsrechte weitgehend ausschließt[285]. Jedoch ist die Ausgestaltung im einzelnen dem Träger der Einrichtung überlassen[286].

In etwas anderem Licht könnte die Zulässigkeit von Mitwirkungsauflagen erscheinen, soweit echte Mitbestimmungsrechte vorgeschrieben werden, wie dem Wortlaut nach in § 4 Abs. 1 Nr. 9 WBG Bremen. So ist zweifelhaft, ob die Gründe für die wirtschaftliche Mitbestimmung generell auf Weiterbildungseinrichtungen übertragbar sind[287] und ob eine qualifizierte Bildungsarbeit echte, über die Einzeldurchführung hinausreichende organisatorische

---

[283] Vgl. *Senzky*, Mitbestimmung in der kommunalen Volkshochschule, 1972; *Bockemühl*, Mitbestimmung und Selbstverwaltung an Volkshochschulen, 1977.
[284] Vgl. Zur Situation und Aufgabe, 1960. Fortgeführt in den o. g. externen Beratungsgremien.
[285] Auf ein effektives Beratungsrecht ausgerichtet ist die Mustersatzung des nordrhein-westfälischen Kultusministers, die mit ihren eingehenden Kompetenz- und Verfahrensbestimmungen eine nicht unterdrückbare Einflußnahme der mitwirkenden Gruppen ermöglicht (GdW, NW 2.1, S. 15 - 21).
[286] Zu Einzelfragen näher *Losch*, Weiterbildung als kommunale Aufgabe, 1985, S. 162 - 164.
[287] Zu dieser Frage hins. kommunaler Betriebe und Einrichtungen *Püttner*, Die Mitbestimmung in kommunalen Unternehmen, 1972; *ders.*, Mitbestimmung, 1984; *ders.*, Selbstverwaltung und Mitbestimmung, 1983. Vgl. auch *Leisner*, Mitbestimmung im öffentlichen Dienst, 1970; *Bieback*, Die Mitwirkung der Beschäftigten in der öffentlichen Verwaltung, 1983.

Mitentscheidungsrechte voraussetzt. Die Besonderheiten der Bildungsarbeit verlangen zwar eine kommunikative Arbeitsweise, aber nicht mit gleicher Selbstverständlichkeit auch ein gemeinsames Leitungsrecht. So sichern die Prinzipien der pluralistischen Konkurrenz und Zusammenarbeit, der Freiwilligkeit, Allgemeinzugänglichkeit und Offenlegung ein Verfahren, das gerade auch die Teilnehmer schützt. Eine Beschränkung der Einrichtungsleitung kommt außerdem mit Freiheitsrechten und Zuständigkeiten der betroffenen Träger und Einrichtungsleiter in Konflikt. Daher ist vorzuziehen, echte Mitentscheidungsrechte der Dispositionsfreiheit der Träger anheimzustellen, während die Anordnung von Beratungsrechten ohne Einschränkung zu befürworten ist.

Im einzelnen ist zu bedenken, daß die Mitentscheidung der an der Einrichtung beteiligten Lehrenden und Lernenden nur scheinbar den demokratischen Pluralismus nach innen verlegt, um in dem Sonderbereich der Einrichtung die unmittelbar Betroffenen nicht von der Leitung auszuschließen und demokratische Grundsätze auch im Kleinen zu verwirklichen mit dem Ziel, die Entscheidungen zu verbessern, die Betroffenen aus einseitiger Abhängigkeit zu befreien und die Autonomie der Bildungsarbeit zu stärken. Zum einen trifft die Parallelität zwischen demokratischer Regierungsform und mitbestimmter Einrichtungsleitung nur sehr beschränkt zu, da die Beteiligtenzahl und der Bewegungsspielraum für die Entscheidungen viel zu gering sind, um einem demokratischen Meinungsbildungsprozeß einen entsprechenden Entfaltungsbereich zu eröffnen. Vielmehr besteht die Gefahr, daß sich die Mitbestimmung in der gegenseitigen Auseinandersetzung festfährt und eher ein Macht- als ein Sachkampf entsteht, der die Leistung der Einrichtung mindert.

Zum anderen gilt neben der Optimierung der Entscheidungen als wesentlicher Grund für die Mitbestimmung, daß die Beteiligten die Möglichkeit zur Selbstentfaltung erhalten. Dieser freiheitlich-gleichheitliche Aspekt hat aber einen vorwiegend individuellen Bezug und wäre für die jeweilige Gruppe der Lehrenden und Lernenden repräsentierbar, verträgt sich dagegen nicht mit der laufend wechselnden Teilnehmerschaft auf seiten der Lernenden und der Aufgabe der Einrichtungen, ein Dienstleistungsangebot für die Allgemeinheit zur Verfügung zu stellen. Sollten nur Repräsentanten der jeweiligen Teilnehmergruppen für die Mitbestimmung ausersehen sein, was in Wirklichkeit aber nicht praktikabel ist, beträfe ihre Mitentscheidung bei der Angebotsplanung weitgehend erst die zukünftige Teilnehmerschaft. Unmittelbaren Bezug auf die jeweiligen Teilnehmer haben dagegen nur Fragen der jeweiligen Durchführung des Programms, die aber lediglich den Grundlinien nach Angelegenheit der Einrichtungsleitung und insoweit wiederum mit Wirkung über den jeweiligen Teilnehmerkreis hinaus zu entscheiden sind. Im übrigen steht die Art der Durchführung des Programms zur Disposition der Lehrenden, die sich mit den jeweiligen Teilnehmern ohnehin direkt einigen müssen. Eine organi-

2. Mitwirkung und Mitbestimmung

sierte Form dieser Mitsprache durch einzelne Gruppensprecher könnte dafür vorgesehen werden. Hinsichtlich der Mitwirkung an der Einrichtungsleitung löst die Praxis das Problem der wechselnden Teilnehmerschaft von Lernenden damit, deren Vertreter nur für jeweils einen begrenzten Zeitraum aufzustellen, ohne aber ihre Mitwirkung während der ganzen Zeit an die Eigenschaft als Kursteilnehmer zu binden[288]. Läßt man aber Vertreter der Lernenden unabhängig von ihrer jeweiligen Teilnahme mitentscheiden, trägt man in Wirklichkeit den Gedanken der externen Beratung in die Leitungsentscheidungen hinein. Damit wird der Gedanke der Partizipation teilweise verfehlt. Vielmehr trägt er die Mitentscheidung von seiten der Lernenden nur dem Ansatz nach. Die Mitbestimmung erweist sich daher als Verbindung von partizipativen Elementen und externem Einfluß. Zwar ist die Mitentscheidung externer Repräsentanten bei Einrichtungen der Weiterbildung nichts neues, sondern wird in der quasikommunalen Volkshochschule durch die kommunalen Vertreter in langer Tradition ausgeübt, aber es handelt sich in diesem Sonderfall nur um die Institutionalisierung der beabsichtigten festen Zusammenarbeit zwischen Volkshochschule und Kommune, und es besteht ein grundsätzlicher Unterschied zwischen der freiwillig in der Trägersatzung vorgesehenen und der gesetzlich allgemein auferlegten Einbeziehung einer externen Mitentscheidung.

Diese durch Mitbestimmung bewirkte besondere Anbindung an die Öffentlichkeit vermengt den innenpluralistischen mit dem außenpluralistischen Gedanken und verlangt eine über die ausreichende Sicherung der Öffentlichkeit der Bildungsarbeit durch den Grundsatz der Allgemeinheit und Offenlegung hinausgehende Verpflichtung, die zudem den Grundsatz der Freiheit der Bildungsarbeit auf seiten der Veranstalter beeinträchtigt. Hinzu kommt, daß bei vereinsgetragenen Bildungseinrichtungen durch die Mitentscheidung des Vereins eine viel weitere als die nur punktuelle Öffentlichkeitsbeteiligung durch Mitbestimmung vorliegt und daß bei anderen Trägergruppen deren besondere Öffentlichkeit ebenfalls auf die Bildungseinrichtung Einfluß nehmen kann.

Was die Stärkung der Bildungsarbeit gegenüber den Trägern anbelangt, kann die Mitbestimmung zwar eine Rückendeckung bedeuten, aber wenn sie zur einseitigen Interessenwahrnehmung wird, auch ins Gegenteil umschlagen. Im übrigen bedeutet die Freiheit der Bildungsarbeit nicht Unabhängigkeit vom Träger, sondern das Verbot der staatlichen Einmischung. Daher hat die Mitbestimmung bei Einrichtungen der freien Träger nur insoweit einen auf die Selbständigkeit bezogenen Anwendungsbereich, als ein übermächtiges Gruppeninteresse der Träger zurückgedrängt werden soll. Freilich zeigen die

---

[288] Beispiele bei *Frymark*, Wirkungen institutioneller Bedingungen, 1982, S. 422, 431, 433. Grds. *Gernert*, Das Recht der Erwachsenenbildung, 1975, S. 100f.; *Bockemühl*, Mitbestimmung und Selbstverwaltung, 1977, S. 120f.

Grundsätze der Allgemeinzugänglichkeit und Offenlegung, daß ohnehin nur eine öffentlich verwertbare Bildungsarbeit anerkannt werden kann. Bei staatlicher und kommunaler Trägerschaft konkretisiert sich der Grundsatz der Selbständigkeit der Einrichtungen und Freiheit der Bildungsarbeit aber prinzipiell auf eine Eigenständigkeit, die unangemessenen Verwaltungsdirektiven Einhalt gebieten kann. Da die Mitbestimmung aber ihrerseits in zwanghaften Gruppeneinfluß übergehen kann, bietet sie keine Gewähr als neutrales Gegengewicht. Die angestrebte pluralistische Rückbindung und Rückenstärkung könnte daher besser bei Beratungsrechten aufgehoben sein. Die Mitbestimmung gerät demnach nicht nur in Konflikt mit den Trägerrechten, sondern erfüllt die ihr insgesamt zugedachten Aufgaben auch nur unvollkommen.

Im Ergebnis erscheint daher die allgemeine gesetzliche Einführung der Mitbestimmung in Weiterbildungseinrichtungen als unverhältnismäßige Reglementierung. Allenfalls könnte eine unterparitätische Mitbestimmung, die Entscheidungen der Träger bzw. Einrichtungen im Zweifel nicht blockieren kann, mit deren grundrechtlichem Selbstbestimmungsrecht noch vereinbar sein. Der Grundrechtsschutz der Lernenden erscheint umgekehrt aber nicht in derselben Weise herausgefordert wie für den Arbeitnehmer am Arbeitsplatz, da es an einer vergleichbaren Abhängigkeit fehlt, vielmehr eine freiwillige Teilnahme mit der Möglichkeit der aktiven Mitwirkung am Ausbildungsprozeß vorliegt, was die grundrechtliche Entfaltungsfreiheit eher ausdehnt und zum Zug kommen als einschränkt und verkümmern läßt. Daher dürfte es an einer ausreichenden verfassungsrechtlichen Legitimation zur Einschränkung der Bestimmungsmacht der Veranstalter fehlen. Dagegen wäre kein Einwand gegen eine Mitberatung durch die Lernenden ohne Mitbestimmungsrecht zu erheben. Darin kann im Gegenteil eine Stärkung beider Seiten und der Entscheidungslegitimation gesehen werden, sofern ein effektives Verfahren gewählt wird.

Bei der Mitbestimmung von seiten der Lehrenden, die sich aus den ständigen und freien, aber meistens für längere Zeit an den Einrichtungen tätigen Mitarbeitern zuammensetzen, stellt sich das Problem der Repräsentation nicht in derselben Schärfe, doch ist auch hier darauf zu achten, daß die Entscheidungsfreiheit der Einrichtungsleitung bzw. des Trägers gewahrt bleibt. Hinsichtlich der ständigen Mitarbeiter sind die Grundsätze der Arbeitnehmer-Mitbestimmung zu berücksichtigen, die nur zu beschränkten Mitwirkungsmöglichkeiten führen[289]; eine Durchbrechung dieses Prinzips würde die Zurückhaltung des Gesetzgebers bei der allgemeinen Mitbestimmung gegen-

---

[289] Allenfalls in Form der betriebsverfassungsrechtlichen Mitbestimmung, die aber nur auf soziale Fragen bezogen und in Betrieben mit besonderer, nicht allein wirtschaftlicher Zweckbestimmung nur eingeschränkt anwendbar ist (§§ 74 ff., 118 Abs. 1 BetrVG); auch die personalvertretungsrechtlichen Mitwirkungsmöglichkeiten im öffentlichen Dienst sind auf soziale Aspekte beschränkt, dazu *Losch / Gerber*, Mitbestimmung, 1986, S. 277 f.

2. Mitwirkung und Mitbestimmung

über nicht rein wirtschaftlich bestimmten Bereichen aufheben und ein Experimentierfeld ohne ausreichende Rahmenziehung eröffnen. Der organisierten Weiterbildung würde ein verselbständigter anstaltlicher Charakter mit geschlossenen Teilnehmerkreisen unterschoben. Bestimmend ist jedoch die Offenheit und der freie Austausch zwischen Angebot und Nachfrage. Jedenfalls dürfte dieses Zusammenspiel nicht durch ein enges Mitbestimmungsfilter gepreßt werden, das einen kleinen Ausschnitt aus der Öffentlichkeit zum maßgeblichen Garanten für das öffentliche Dienstleistungsangebot machen will. Vielmehr ist zwischen der Öffentlichkeitsfunktion der Mitbestimmung und der mit ihr verbundenen Verkürzung der allgemeinen Öffentlichkeit zu unterscheiden und die Mitbestimmung gegenüber den Trägerrechten und der öffentlichen Nachfrage als relative Vermittlung zu verstehen, die allenfalls eine Beteiligung an der Einrichtungsleitung, aber keine ausschlaggebende Entscheidungsmacht rechtfertigt.

Ähnliches gilt unter dem Gesichtspunkt der persönlichen Entfaltungsfreiheit der Mitarbeiter. Für die Ausübung der Bildungsarbeit besteht ein sachlich notwendiger Freiraum, der eine Entmündigung verhindert; die Öffentlichkeitsbezogenheit beugt einem willkürlichen Angebotsdiktat vor; mit der Eingliederung in die jeweilige Bildungseinrichtung wird die inhaltliche Ausrichtung der Arbeitsgebiete und ihre Auswahl durch den Träger anerkannt. Die Grundsätze der allgemeinen Mitbestimmung sind daher nicht auf die Bildungsarbeit übertragbar. Die freien Mitarbeiter entziehen sich außerdem einer entsprechend engen Verbindung mit der Einrichtung, die allgemeine Mitentscheidungsbefugnisse legitimieren könnte. Auch hinsichtlich der Lehrenden ist daher eine besondere Rechtfertigung oder Notwendigkeit der Mitbestimmung in Form der Mitentscheidung nicht festzustellen. Für die Mitbestimmung der Verwaltungskräfte wäre ebenfalls auf das allgemeine Mitbestimmungsrecht zu verweisen, das in Sonderbereichen wie der Weiterbildungsarbeit nur eine eingeschränkte Mitwirkung kennt. Es besteht kein Grund, daran etwas zu ändern.

Gegenüber der Mitbestimmung ist bei der Beteiligung in Form der Mitwirkung der Gedanke der externen Beratung in den Vordergrund gestellt. Obwohl keine unmittelbare Beteiligung an den Entscheidungen eingeräumt wird, kommt dennoch auch der Gedanke der Partizipation zum Tragen, da die Informationsrechte, die für die Mitsprache Voraussetzung sind, und das Verfahren der Beratung ein umfassendes Mitwissen vermitteln, das zusammen mit dem Einfluß, der durch die Beratung ausgeübt werden kann, eine Mitverantwortung entstehen läßt, die der Verantwortung bei der Mitentscheidung kaum nachsteht. Außerdem legt die beratende Mitwirkung die Interessenwahrnehmung nicht vornehmlich auf die engeren Eigenbelange fest, sondern erlaubt eher, einen größeren Interessenrahmen einzubringen. Die Mitentscheidung wirkt sich dagegen eher einengend aus. Auch vermeidet die Mitwirkung das

Problem, daß es mindestens teilweise zur Mitentscheidung externer Vertreter kommt. Sie verbindet vielmehr die externe Beratung mit dem Gedanken der Partizipation, ohne beides zu überziehen und zu praktisch wie rechtlich bedenklichen Konstellationen zu führen. Im Ergebnis erweist sich somit das Mitbestimmungsmodell als problematisch und dem Mitwirkungsmodell unterlegen. Von dessen Ausgestaltung im einzelnen hängt es ab, wie stark die Beratung und Mitverantwortung zur Geltung kommen kann. Eine nähere und effektive Verfahrensregelung, wie in Nordrhein-Westfalen vorgeschlagen, ist daher unverzichtbar.

3. Mitbestimmung und Mitwirkung in kommunalen Einrichtungen

Weitere Bedenken gegen die Mitbestimmung in Form der Mitentscheidung ergeben sich hinsichtlich kommunaler Einrichtungen, bei denen an Stelle der privaten die Entscheidungsbefugnisse der öffentlichen Verwaltung zu berücksichtigen sind. Diese setzen die verfassungsrechtlich verlangte demokratische Legitimation voraus[290]. Das heißt, daß alles, was in Form der öffentlichen Verwaltung ausgeführt wird, durch offizielle Verwaltungsbedienstete wahrzunehmen ist, deren Eigenschaft und Verantwortung als Verwaltungsträger auf die Volksvertretung zurückzuführen ist[291]. Die Mitentscheidung durch lediglich in besonderen Sachbereichen besonders Betroffene und damit vielleicht besonders sachlegitimierte Beteiligte greift in die übergeordnete, weil voll verantwortliche Legitimation von einer begrenzten Aktionsebene aus ein, auf der sie nicht der Allgemeinheit, für die sie aber Rechte wahrzunehmen beansprucht, in gleicher Weise verantwortlich ist.

Mit solchen Verfahren würde das demokratisch-parlamentarische oder repräsentativ-demokratische Prinzip durch ein subdemokratisches oder teilpartizipatorisches Prinzip ergänzt bzw. verändert, ohne daß für solche strukturellen Verschiebungen eine verfassungsrechtliche Grundlage bestünde[292]. Die Kompetenzwahrnehmung im Bereich der kommunalen Aufgaben ist daher allein den dafür vorgesehenen Organen vorbehalten. Wenn eine Kommunalverwaltung also Weiterbildungsaufgaben aufgreift, ist sie auch allein zuständig. Andererseits hat sie den Grundsatz der Freiheit der Bildungsarbeit soweit

---

[290] Grds., auch zum folgenden, *Püttner*, (oben Fn. 287); *ders.*, Mitbestimmung und Mitwirkung, 1974; *ders.*, Die Mitbestimmung, 1980. Vgl. VerfGH NW, DVBl. 1986, 1196 mit Anm. v. *Püttner*.

[291] So ausdrücklich BVerfGE 47, 243 – Bezirksvertretungen – (vgl. BVerfGE 38, 258 – Magistrat –) ohne die frühere Andeutung von Einschränkungen bei geringerem Gewicht der Verwaltungsaufgabe (BVerfGE 9, 268 – Bremer Personalvertretungsgesetz –). Vgl. *Püttner*, Mitbestimmung in öffentlichen Unternehmen, 1984; *ders.*, Zur Mitbestimmung in öffentlich-rechtlich organisierten Unternehmen, 1984. Vgl. auch StGH Hessen, DVBl. 1986, 936; VerfGH NW, a. a. O. Grds. *Böckenförde*, Demokratie als Verfassungsprinzip, 1987, S. 894 - 903.

[292] Vgl. *Püttner* (wie Fn. 287); *Losch / Gerber*, Mitbestimmung, 1986.

3. Mitbestimmung und Mitwirkung in kommunalen Einrichtungen

wie möglich zu beachten und dem zuständigen Einrichtungsleiter die nötige Bewegungsfreiheit einzuräumen, ohne seine Verantwortlichkeit ihr gegenüber und ihre Gesamtverantwortung aus der Hand zu geben. Eine Mitentscheidung verwaltungsinterner pädagogischer Mitarbeiter an der Einrichtungsleitung wäre in den Grenzen von deren Zuständigkeit unter der Verantwortung der Kommunalvertretung eine bloße Zuständigkeits- oder Organisationsfrage; allerdings müßte die jeweilige – ob kollegiale oder Einzel-Verantwortlichkeit klargestellt sein. Hinsichtlich der freien Mitarbeiter und Lernenden wäre aber nur unbedenklich zulässig, ein Beratungsrecht einzuräumen, während hier die echte Mitbestimmung, gleichgültig ob paritätisch oder geringer vertreten und unabhängig von einem Letztentscheidungsrecht vorgesetzter Behörden, den grundsätzlich gezogenen Kreis der Zuständigkeiten überspringen würde[293].

Dagegen können in ausgegliederten Selbstverwaltungsbereichen wie bei den Universitäten die Betroffenen über ihre Angelegenheiten mitbestimmen; ferner soll in Sonderbereichen wie bei den öffentlich-rechtlichen Rundfunkanstalten eine Durchbrechung der offiziellen zugunsten einer pluralistischen Legitimation erlaubt oder erforderlich sein[294]. Für die kommunale Weiterbildung läßt sich daraus aber kein Argument zugunsten echter Mitbestimmung gewinnen, da sie keinen ähnlich institutionell verselbständigten Bereich darstellt. Ferner kann auch nicht derselbe Grundrechtsschutz wie im Wissenschafts-, Kunst- oder Rundfunkbereich geltend gemacht werden. Daher ergibt der Tätigkeitsbereich der Weiterbildungseinrichtungen keine ausreichende Grundlage für eine so weitgehende Eigenständigkeit, daß die prinzipielle Eingliederung in die Verwaltung durchbrochen und ein Sonderstatus der Mitglieder und ihre Sonderbehandlung erforderlich und angeraten erscheint. Auch in verselbständigten Einrichtungen, deren Träger als Zweckverband[295] oder die als ausgegliederte kommunale Weiterbildungsanstalten[296] organisiert sind, dürfte daher eine effektive Mitwirkung die bessere Lösung sein. Die Zweckverbandseinrichtung läßt sich, wie die unselbständige kommunale Einrichtung im Verhältnis zur Kommunalvertretung, nicht aus der Verantwortlichkeit gegenüber der Verbandsversammlung lösen. Eine Mitbestimmung wäre daher nur im oben skizzierten Rahmen zulässig. Ähnlich bedeutet die Organisation als verselbständigte Anstalt keinen körperschaftlichen Verbund der Beteiligten mit einem gemeinsamen Selbstverwaltungsbereich, sondern nur einen verselbständigten Sachbereich, der nicht ausschließlich die unmittelbar Beteiligten betrifft[297] und sich daher nach den allgemeinen Regeln der Verwaltungszuständigkeit zu richten hat. Abgesehen von besonderen Selbstverwaltungsbe-

---
[293] Vgl. *Losch / Gerber* zu den Bedenken, die sich daraus gegen das WBG Bremen und die Mitbestimmungssatzungen der bremischen Volkshochschulen ergeben.
[294] *Bethge*, Volkslegitimation für Rundfunkräte, 1987.
[295] So vor allem in NW, vgl. Statist. Mitt. des DVV.
[296] Diese Möglichkeit sieht seit 1981 § 5 Abs. 1 VHG Hessen vor.
[297] Vgl. *Püttner*, Kontrolle, 1987, S. 161.

reichen trägt der Gedanke des sachlichen Sonderbereichs jedenfalls auch nicht für so weitreichende Konsequenzen wie eine nicht eigens legitimierte Mitentscheidung der Betroffenen.

Anders ist die Rechtslage hinsichtlich der Mitbestimmung zu beurteilen, wenn die mitbestimmenden Gruppenvertreter auf Vorschlag durch die Kommunalvertreter ausgewählt werden und damit in die öffentliche Entscheidungslegitimation und Verantwortlichkeit einbezogen sind[298], wobei zu beachten ist, daß der Volksvertretung eine Auswahlmöglichkeit und nicht nur ein Ernennungs- oder Bestätigungsrecht zustehen muß. Freilich erscheinen die auf diese Weise legitimierten Gruppenvertreter dann eher der Verwaltung zuordenbar und weniger als ein Gegengewicht[299]. Jedoch kann auch in diesem Fall das Entscheidungsverfahren so ausgebaut werden, daß die Vertreter der freien Mitarbeiter und Lernenden zwar die kommunale Nominierung passieren müssen, aber bei der Mitarbeit an der Einrichtung ein Maximum an Selbständigkeit entfalten und die Interessenvertretung weitgehend selbständig wahrnehmen können. Außerdem ist damit zu rechnen, daß die ausdrücklich durch die Volksvertretung legitimierten Vertreter der Lernenden mit dieser Rückenstärkung eine wesentlich einflußreichere Position gegenüber der Einrichtungsleitung und der Gemeinde- oder Kreisvertretung geltend machen können als direkt aus dem Kreis der Lernenden oder freien Mitarbeiter entsandte Vertreter. Dieser Vorteil kann den Umweg über die kommunale Nominierung ausgleichen. Dagegen kann das Besetzen der Gremien an der Kommunalvertretung vorbei eine unnötige Kluft schaffen oder ein Klima der Konfrontation und erschwerten Zusammenarbeit beschwören, das den Anliegen der Mitbestimmung nicht dienlich ist.

Im Ergebnis erscheint daher die Mitentscheidung der freien Mitarbeiter und Lernenden nur unter dem Vorbehalt der Nominierung der mitbestimmenden Repräsentanten durch die Kommunalvertretung zulässig. Eine vermittelnde Meinung will dagegen nicht offiziell legitimierte Gruppenvertreter nicht völlig von der Mitentscheidung ausschließen, verlangt aber, daß diese Mitbestimmung, um als verfassungskonform betrachtet werden zu können, die Entscheidung der legitimierten Gremienmitglieder nicht blockieren kann und eine Beschlußfassung ohne die Stimmen der nicht legitimierten Vertreter möglich bleibt, d.h. eine die Grenze der unabhängigen Beschlußfähigkeit nicht überschreitende unterparitätische Mitbestimmung vorgesehen ist[300].

Diese Lösung anerkennt auf der einen Seite die Legitimation aus dem Sachbezug, sichert andererseits aber, daß die verfassungsrechtlich erforderliche Legitimation grundsätzlich den Vorrang behält. Das Kompromißmodell

---

[298] Vgl. VerfGH NW, DVBl. 1986, 1196 (Sparkassenbereich) mit Anm. von *Püttner*.
[299] Vgl. (mit Beispielen) *Senzky*, Mitbestimmung, 1972; *Bockemühl*, Mitbestimmung, 1977.
[300] *Böckenförde*, Demokratie, 1987, S. 899.

3. Mitbestimmung und Mitwirkung in kommunalen Einrichtungen

kommt einerseits der Gruppenautonomie entgegen, indem es die Direktentsendung der Vertreter akzeptiert, andererseits schwächt es deren Position. Es bleibt aber vor allem dem grundsätzlichen Einwand ausgesetzt, daß es entgegen der verfassungsrechtlichen Ordnung Verwaltungsentscheidungen zuläßt, die durch nicht legitimierte Stimmen mitgetragen werden. Ferner kann dadurch ein politischer Bezug von außen in die Gremien gebracht werden, der sich ebenfalls nicht auf den demokratischen Wählerwillen zurückführen läßt[301], wodurch je nach Zusammensetzung des Gremiums das legitimationssichernde Stimmenübergewicht entwertet werden kann. Außerdem könnten durch Direktentsendung auch gemeinde- oder kreisexterne Gruppenvertreter dem kommunalen Entscheidungsgremium und der kommunalen Volksvertretung ohne ihre Zustimmung aufgezwungen werden und mitentscheiden, was zu Konflikten mit dem Selbstverwaltungsprinzip führen würde[302].

Schließlich ist bei den Weiterbildungseinrichtungen zu berücksichtigen, daß der quasilegitimierende Sachbezug nicht besonders nachhaltig zur Geltung kommt und daß bei den Gruppenvertretern das Fortbestehen des Sachbezugs während der ganzen Zeit ihrer Mitwirkung nicht gesichert ist, die Sachlegitimation also nicht zu hoch veranschlagt werden sollte. Im ganzen kann das Kompromißmodell daher nicht überzeugen; auch praktisch verspricht eine Mitbestimmung offiziell nominierter Gruppenvertreter größere Wirksamkeit. Demgegenüber vermeidet das Beratungsmodell den Konflikt mit der Legitimation und ist weniger eng auf die Stellung der Beteiligten zugeschnitten; es erscheint daher auch geeignet, den Bogen der Anregungen weiter zu spannen und kann den Gedanken der Gruppenentfaltung besser mit der Verpflichtung der Einrichtungen auf das allgemeine Wohl der Einwohnerschaft verbinden.

Davon abgesehen kann, wie hervorgehoben, das Beratungsrecht im ganzen so effektiv gestaltet werden, daß ihm mindestens dasselbe Gewicht wie einer überstimmbaren Mitentscheidung zukommt. In der Praxis spielt daher weniger der formale Charakter des Mitwirkungsrechts als das Verfahren zu seiner Ausübung eine Rolle. Gerade in dieser Hinsicht sind noch Erfahrungen zu sammeln und nutzbar zu machen. Insgesamt hat sich der Mitwirkungsgedanke noch längst nicht allgemein durchgesetzt[303]. Nur in Bremen und Nordrhein-Westfalen, wo die Mitwirkung zum gesetzlichen Ordnungsprinzip erhoben wurde, gehört sie zum offiziellen Verfahren bei der Organisation der Bildungsarbeit. In den übrigen Ländern bestehen nur teilweise, soweit gesetzlich angeordnet und traditionell eingeführt, externe Beratungsgremien; bei der Mitwirkung der Lehrenden und Lernenden sind aber große Lücken festzustellen. Auf diesem Gebiet herrscht daher vielfach ein Nachholbedarf.

---

[301] *Püttner*, Die Mitbestimmung, 1972, S. 58 - 60; *ders.*, Mitbestimmung, 1974; *ders.*, Die Mitbestimmung, 1980; *ders.*, Zur Mitbestimmung, 1984.

[302] *Püttner*, Die Mitbestimmung, 1972, S. 78 f.

[303] Vgl. die Erhebungen bei *Frymark*, Wirkungen institutioneller Bedingungen, 1977.

X. Öffentliche Verantwortung

1. Offenes System

Wie zu Beginn erwähnt, war es das Anliegen der Weiterbildungsgesetze, den Leitbegriff der Bildungsplanung, die öffentliche Verantwortung für die Weiterbildung praktisch einzulösen. Dabei erwiesen sich die weitestgehenden Überlegungen der Weiterbildungsdiskussion, daß es erforderlich sei, ein öffentlich-rechtlich getragenes Weiterbildungssystem oder überall kommunale Weiterbildungszentren mit umfassenden Verbundangeboten aufzubauen[304], als nicht realisierbar. Auch die Vorstellung von einem flächendeckenden, gleichmäßig ausgestalteten kommunalen Grundangebot mußte korrigiert werden. Selbst die bedarfsorientierte, aber durchgängige kommunale Beteiligung am Angebot erschien überwiegend als ungeduldiges, mit erheblichen Problemen verbundenes Vorgehen. Dagegen mußte von allen Seiten anerkannt werden, daß die pluralistische Träger- und Angebotsstruktur nicht nur historische, verfassungsrechtliche und ökonomische Aspekte auf ihrer Seite hat, sondern auch die bildungs- und gesellschaftspolitisch wirksamste Strategie darstellt, das höchst differenzierte und veränderliche Nachfrage- und Angebotssystem der Weiterbildung zu optimaler Nutzbarkeit zu entwickeln[305].

Daher ging es alsbald nicht mehr um die Frage eines einseitig öffentlich-rechtlich organisierten Weiterbildungssystems, ebensowenig um einen grundsätzlichen Vorbehalt gegen staatlich oder kommunal veranstaltete Programmangebote, sondern um einen offenen, aber kooperativen Pluralismus, der die Vorteile der Vielschichtigkeit und vielfältigen Zugänglichkeit mit den Vorteilen einer gemeinsam erreichbaren Systematisierung verbindet[306]. Dieses offene System verhindert sowohl unübersichtliche Willkür als auch zentralistischen Indoktrinarismus. Freilich bedarf es der allseits leistungsbereiten Initiative, die sich weder allein aus Tradition noch aus amtlicher Trägerschaft entwickelt, sondern aus der offenen Gesamtverfassung im Verein mit der offiziellen Unterstützung gemeinnütziger Anstrengungen.

---

[304] *Tietgens / Mertineit / Sperling*, Zukunftsperspektiven, 1970, S. 135 - 143; *Knoll*, Erwachsenenbildung, 1972, S. 124.
[305] Vgl. Bildungsgesamtplan, 1973; Fortschreibung, 1982.
[306] Vgl. die Beurteilung dieser Zielsetzung in der Fortschreibung des Bildungsgesamtplans, 1982.

2. Staatlich-gesellschaftliche Mitverantwortung

Ungeteilte Meinung war daher, daß vordringlichste Aufgabe die staatliche Förderung sein müsse, um den Ausbau des Systems zu gewährleisten. Ebenso übereinstimmend wurde für erforderlich gehalten, die Wirtschaftlichkeit, Zugänglichkeit und Ausbildungswirksamkeit im Wege der Kooperation zu steigern und zu intensivieren. Einheitliche Auffassungen kamen nur darüber nicht zustande, wieweit ein gezielter Ausbau der kommunalen Angebote für die Weiterentwicklung des Systems erforderlich zu sein habe. Anstelle einseitiger Standpunkte hat sich jedoch die Meinung gefestigt, daß die öffentliche Verantwortung für die Weiterbildung weder der beliebigen noch der staatlich angeordneten Initiative allein zu überlassen, sondern der staatlich-gesellschaftlichen Zusammenarbeit anzuvertrauen ist[307], indem der Staat (einschließlich der Kommunen) in erster Linie seiner Förderungsaufgabe nachzukommen und erst in zweiter Linie auch ergänzend und vervollständigend zum pluralistischen Gesamtangebot beizutragen hat.

Öffentliche Verantwortung für die Weiterbildung bedeutet daher staatlich-kommunale und gesellschaftliche Mitverantwortung, die eine möglichst tatkräftige Betreuung von staatlicher Seite aus, aber unter Wahrung der Selbständigkeit der Träger und Einrichtungen, und ein Entgegenkommen von diesen gegenüber den für förderlich erachteten Voraussetzungen einer qualifizierten und kooperativen Bildungsarbeit verlangt. Es ist nicht zu übersehen, daß diese vermittelnde Linie auf die freiwillige Optimierung von Verantwortlichkeit angewiesen ist, doch erweist sie sich gerade darin als konsequenter Ausdruck des freiheitlich-demokratischen Sozialstaates, der nicht auf Einheitslösungen festgelegt, sondern für vielseitige Aktivitäten aufgeschlossen ist.

Die öffentliche Verantwortung für die Weiterbildung verlangt daher, daß der Stellenwert der Weiterbildung bei der staatlichen und kommunalen Förderung möglichst hoch veranschlagt[308] und der Ausbau der Weiterbildung so bedarfsfreundlich wie möglich, auch durch staatlich und kommunal getragene öffentliche Einrichtungen, vorangetrieben wird. Dagegen sollten staatliche Direktiven nicht in den Vordergrund rücken, sondern daran mitwirken, daß sich das Leitprinzip der pluralistischen Kooperation im Wege der gleichberechtigten Verständigung[309] bestmöglich entfalten kann.

---

[307] Vgl. auch *Oppermann,* Auf dem Wege zur gemischten Rundfunkverfassung, 1981.
[308] Was von den Weiterbildungsgesetzen mit unterschiedlicher Stringenz auch angestrebt wird.
[309] Vgl. auch *Böckenförde,* Demokratie, 1987, S. 937f.

Literaturverzeichnis

Adreßbuch für Pädagogik. Institutionen, Verbände, Firmen. 1. Ausgabe 1978. Freiburg i. Br. 1977.

Adressendokumentation Weiterbildung. Ein Gesamtverzeichnis. Hrsg. v. Rolf Gerhard / Gernot Graeßner / Bernd Zielinski. München 1980.

Analyse der Weiterbildungsangebote in Niedersachsen. Teilbericht III. Ergebnisse der Untersuchungen zur regionalen Situation der Weiterbildung in den Räumen Osnabrück und Hannover. Hrsg. v. Institut für regionale Bildungsplanung. Hannover 1980.

Axmacher, Dirk: Integration von politischer und beruflicher Bildung. In: Tb. der Erwachsenenbildung. 1982, S. 168 - 194.

Balser, Frolinde: Die Anfänge der Erwachsenenbildung in Deutschland in der ersten Hälfte des 19. Jahrhunderts. Eine kultursoziologische Deutung. Stuttgart 1959.

Barschel, Uwe / *Gebel*, Volkram: Landessatzung für Schleswig-Holstein. Kommentar. Neumünster 1976.

Beckel, Albrecht: Staat und Erwachsenenbildung. In: RdJB 1976, 297 - 300.

— Zur Entwicklung des Rechts der Erwachsenenbildung von 1953 bis 1979. In: Erwachsenenbildung. 1980, S. 79 - 86.

— Zur Problematik eines Rechtes der Erwachsenenbildung. In: Rechtsfragen der Gegenwart. Festgabe für Wolfgang Hefermehl zum 65. Geburtstag. Stuttgart 1972, S. 487 - 496.

Beckel, Albrecht / *Senzky*, Klaus: Management und Recht der Erwachsenenbildung. Stuttgart u. a. 1974 (Hdb. der Erwachsenenbildung. Hrsg. v. Franz Pöggeler. Bd. 2).

Becker, Hellmut: Auf dem Weg zur lernenden Gesellschaft. Personen, Analysen, Vorschläge für die Zukunft. Stuttgart 1980.

— Weiterbildung und öffentliche Verantwortung (1971). In: Weiterbildung der Erwachsenen. System und Didaktik. Hrsg. v. Otto Lange / Hans-Dietrich Raapke. Bad Heilbrunn 1976, S. 50 - 54.

Becker, Hellmut / *Dahrendorf*, Ralf / *Maier*, Hans: Die Bildungsreform – eine Bilanz. Stuttgart 1976.

Beratungsstellen für Weiterbildung. Fallstudien über Aufgaben und Leistungen in fünf Städten. Hrsg. v. Joachim Braun / Lutz Fischer. Berlin 1983.

Berichtssystem Weiterbildungsverhalten. 1980. 1982. In: GdW G, S. 1 - 26, 27 - 47.

Best, Nora: Berufliche Erwachsenenbildung. Literatur und Forschungsprojekte. Nürnberg 1984.

Bethge, Herbert: Volkslegitimation für Rundfunkräte? In: DVBl. 1987, 663 - 666.

Bieback, Karl-Jürgen: Die Mitwirkung der Beschäftigten in der öffentlichen Verwaltung untersucht am Beispiel der öffentlichen Verwaltung durch personale Dienstleistungen. Berlin 1983 (Schriften zum Öffentlichen Recht, Bd. 451).

Bildungsarbeit mit Erwachsenen. Hdb. für selbstbestimmtes Lernen. Hrsg. v. Klaus Bergmann / Günter Frank. Reinbek bei Hamburg 1977.

Bildungsgesamtplan. Hrsg. v. der Bund-Länder-Kommission für Bildungsplanung. Bd. I. Stuttgart 1973.

Blümel, Willi: Die Rechtsgrundlagen der Tätigkeit der kommunalen Selbstverwaltungskörperschaften. In: HKWP 1. 1981, S. 229 - 264.

Bockemühl, Christian: Berufliche und allgemeine Erwachsenenbildung bleiben getrennt. In: RdJB 1979, 419 - 429.

— Erwachsenenbildung zwischen Enthaltsamkeit und Einflußnahme des Staates. Ein Vergleich der bisherigen Gesetzgebung. In: RdJB 1976, 300 - 304.

— Mitbestimmung und Selbstverwaltung an Volkshochschulen. In: IJEB 1977, 119 - 129.

— Ordnungsmodelle der Erwachsenenbildung. Ein Vergleich der verschiedenen Landesgesetze. In: Zukunftsaufgabe Weiterbildung. 1980, S. 61 - 72.

— Reverenz ohne Konsequenz? Die Funktion der politischen Bildung in den Landesgesetzen zur Erwachsenenbildung – eine vergleichende Analyse und Bewertung. In: MzpB 1978, H. 2, 85 - 90.

— Zur politischen und gesellschaftlichen Funktion der Erwachsenenbildung. Ein Vergleich der Gesetze in acht Bundesländern. In: RdJB 1977, 188 - 204.

Bocklet, Reinhold: Öffentliche Verantwortung und Kooperation – Kriterien zur Organisation der Weiterbildung. In: UP. 1975, S. 109 - 145.

Böckenförde, Ernst-Wolfgang: Demokratie als Verfassungsprinzip. In: Hdb. des Staatsrechts. Bd. I, S. 887 - 952.

Brammerts, Hermann: Die Bildungsarbeit der Gewerkschaften im Kontext der Erwachsenenbildung. Diss. Bremen 1978. München 1982.

Braun, Joachim / *Erhardt,* Peter: Weiterbildungsberatung für Erwerbslose. Forschungsbericht über den Aufbau und die Erprobung von zehn kommunalen Beratungsstellen für Weiterbildung. Hrsg. v. DifU. Berlin / Köln 1981.

Breloer, Gerhard / *Dauber,* Heinrich / *Tietgens,* Hans: Teilnehmerorientierung und Selbststeuerung in der Erwachsenenbildung. Braunschweig 1980.

Brinckmann, Hans / *Grimmer,* Klaus: Rechtsfragen der Weiterbildung, der Information und der Bildungsstatistik. In: Weiterbildungsinformationssystem. Modellentwurf und Rechtsfragen. Hrsg. v. Deutschen Bildungsrat. Stuttgart 1974 (Gutachten und Studien der Bildungskommission, Bd. 33), S. 65 - 175.

Bubenzer, Rainer: Grundlagen für Staatspflichten auf dem Gebiet der Weiterbildung. Zur Herleitung von Staatsaufgaben und Individualrechten im Weiterbildungswesen. Frankfurt a. M. 1983 (Europ. Hochschulschriften, Reihe 11, Pädagogik, Bd. 157).

— Grundrechtsordnung als Legitimation für Staatsaufgaben im Weiterbildungsbereich. In: RdJB 1981, 350 - 360.

Bull, Hans Peter: Die Staatsaufgaben nach dem Grundgesetz. 2. A. Kronberg/Ts. 1977.

Bullinger, Martin: Elektronische Medien als Marktplatz der Meinungen – Abschied vom Modell harmonisierender Meinungspflege durch gewaltenaufteilende Presse- und Rundfunkunternehmen. In: AöR 1983, 161 - 215.

Bungenstab, Karl-Ernst: Weiterbildung als Sozialpolitik – Probleme ihrer Verwirklichung und rechtlichen Ordnung. In: IJEB 1975, 62 - 79.

Claussen, Bernhard: Politische Bildung. In: Tb. der Pädagogik 2. Baltmannsweiler 1986, S. 446 - 455.

Clevinghaus, Bernd: Recht auf Bildung (Grundlagen und Inhalt). Diss. Bremen 1973.

Cremer, Willi / *Dahlhaus*, Horst: Politische Bildung als Weiterbildung. In: RdJB 1981, 360 - 364.

Dahrendorf, Ralf: Bildung ist Bürgerrecht. Plädoyer für eine aktive Bildungspolitik. 3. A. Hamburg 1968.

— Die neue Freiheit. Überleben und Gerechtigkeit in einer veränderten Welt. München 1975.

Dikau, Joachim: Erwachsenenbildung zwischen Affirmation und Kritik. In: Leitlinien. 1972, S. 110 - 133.

Dobischat, Rolf: Berufliche Weiterbildung. Sammelrezension. Zs. f. Berufs- und Wirtschaftspädagogik 1986, 275 - 288.

Dolff, Helmuth: Die deutschen Volkshochschulen – ihre Rechtsstellung, Aufgaben und Organisationen. 3. A. Düsseldorf 1979 (Ämter und Organisationen der Bundesrepublik Deutschland, Bd. 24).

Dräger, Horst: Die Gesellschaft für Verbreitung von Volksbildung. Eine historisch-problemgeschichtliche Darstellung von 1871 bis 1914. Stuttgart 1975.

— Historiographie und Geschichte der Erwachsenenbildung. In: EE. 1984, S. 76 - 92.

Dreibus, Heinz: Weiterbildung. In: Der Kreis. Ein Handbuch. Bd. IV. Köln und Berlin 1986, S. 293 - 299.

Ebers, Godehard Jos.: Die Verfassung des Deutschen Reichs vom 11. August 1919. Die amtlichen Entwürfe, die Beschlüsse des Verfassungsausschusses und die endgültige Fassung in vergleichender Gegenüberstellung nebst der vorläufigen Reichsverfassung. Berlin 1919.

Eckstein, Josef: Weiterbildungschance für alle? Zur Problematik der Begründung und Verwirklichung einer „offenen" Weiterbildung. (Diss.) Weinheim und Basel 1982.

Edding, Friedrich: Entwicklungstendenzen des Dualen Systems der beruflichen Bildung 1950 - 1975. In: Konjunkturen der Bildungspolitik in der Bundesrepublik Deutschland. Bd. I. Hrsg. v. K. Hüfner / J. Naumann. Stuttgart 1977, S. 249 - 294.

— Struktur und Finanzierung der Aus- und Weiterbildung. Göttingen 1974 (Kommission für wirtschaftlichen und sozialen Wandel 11).

Empfehlung der Kultusministerkonferenz zur Erwachsenenbildung und zum Büchereiwesen. Beschluß der KMK v. 16./17. 1. 1964. Zweite Empfehlung der Kultusministerkonferenz zur Erwachsenenbildung. Beschluß v. 4. 3. 1971. In: GdW, KMK 2, S. 3 - 5.

Enzyklopädie Erziehungswissenschaft. Bd. 11 Erwachsenenbildung. Hrsg. v. Enno Schmitz / Hans Tietgens. Stuttgart 1984.

v. *Erdberg*, Robert: Fünfzig Jahre Freies Volksbildungswesen. Berlin 1924.

Erster Bericht Weiterbildung. Bericht zur Situation der Weiterbildung in Nordrhein-Westfalen. Köln 1982 (Strukturförderung im Bildungswesen des Landes Nordrhein-Westfalen, H. 41).

Erwachsenenbildung. 25 Jahre Erwachsenenbildung im Spiegel einer Zeitschrift. Hrsg. v. Franz Henrich / Hermann Kaiser. Düsseldorf 1980.

Erwachsenenbildung in der pluralen Gesellschaft. Hrsg. v. Franz Henrich. Düsseldorf 1978.

Erwachsenenbildung – Weiterbildung. Erster Bericht der Planungskommission des Kultusministers des Landes Nordrhein-Westfalen. Ratingen 1972 (Strukturförderung im Bildungswesen des Landes Nordrhein-Westfalen, H. 19).

Erwachsenenbildung zwischen Romantik und Aufklärung. Dokumente zur Erwachsenenbildung der Weimarer Republik. Hrsg. v. Hans Tietgens. Göttingen 1969 (Paedagogica, Bd. 5).

Erwachsenensozialisation und Erwachsenenbildung. Aspekte einer sozialisationstheoretischen Begründung von Erwachsenenbildung. Hrsg. v. Rolf Arnold / Jürgen Kaltschmid. Frankfurt a. M. u. a. 1986.

Feidel-Mertz, Hildegard: Erwachsenenbildung seit 1945. Ausgangsbedingungen und Entwicklungstendenzen in der Bundesrepublik. Köln 1975.

— Zur Geschichte der Arbeiterbildung. Bad Heilbrunn 1968.

Fetten-Gschaider, Ursula: Erwachsenenbildung – Weiterbildung in der Bundesrepublik Deutschland zwischen 1960 und 1970. Historische und systematische Aspekte. Diss. Bonn 1978.

Fink, Erika / *Sauter*, Edgar: Stand und aktuelle Probleme der beruflichen Weiterbildung. Hrsg. v. Bundesinstitut für Berufsbildung. Berlin 1980.

Fischer, Friedrich: Erwachsenenbildung – Weiterbildung. Ein Diskussionsbeitrag zu Begriff und Inhalt. In: EB 1978, 164 - 168.

Fortschreibung des Bildungsgesamtplans. Bericht der Bundesregierung. BT-Dr. 9/2012 v. 1. 10. 1982.

Forum Weiterbildung. Weiterbildung zwischen Notwendigkeit und Interessen. Hrsg. v. der Friedrich-Ebert-Stiftung. Berlin 1979.

v. *Freythag-Loringhoven*, Axel: Die Weimarer Verfassung in Lehre und Wirklichkeit. München 1924.

Frotscher, Werner: Begriff, Rechtsformen und Status öffentlicher Einrichtungen. In: HKWP 3. 1983, S. 135 - 169.

Frymark, Hans-Jörg: Kommunalisierung der Volkshochschule. Gefahren der Reglementierung durch Verbürokratisierung. In: Bildungsarbeit mit Erwachsenen. 1977, S. 310 - 333.

— Wirkungen institutioneller Bedingungen im Planungs- und Entscheidungsprozeß kommunaler Volkshochschulen. Diss. Speyer 1982.

Gabler, Wolfgang / *Grimmer,* Klaus: Verrechtlichung der Erwachsenenbildung. In: EE 1984, S. 316 - 330.

Gallwas, Hans-Ullrich: Die Förderung der Erwachsenenbildung als Selbstverwaltungsaufgabe der Gemeinden. Rechtsgutachten erstattet im Auftrag des Bayerischen Volkshochschulverbandes e. V. München 1978.

Gebhard, Ludwig: Handkommentar zur Verfassung des Deutschen Reichs vom 11. August 1919. München, Berlin und Leipzig 1932.

Gemeinsam lernen, solidarisch handeln. Die Freistellung von Betriebsräten und Jugendvertretern für Schulung und Fortbildung gem. § 37 BetrVG. Bremen (Arbeiterkammer) 1983.

Gernert, Wolfgang: Das Recht der Erwachsenenbildung als Weiterbildung. Voraussetzungen, Realitäten, Tendenzen. München 1975 (UTB 456).

Gesamtplan für ein kooperatives System der Erwachsenenbildung. Empfehlungen zur Neugestaltung und Koordinierung vorgelegt vom Arbeitskreis Erwachsenenbildung des Kultusministeriums Baden-Württemberg. Villingen 1968 (Bildung in neuer Sicht, Reihe A, Nr. 10).

Geschichte der Erwachsenenbildung. Hrsg. v. Franz Pöggeler. Stuttgart u. a. 1975 (Hdb. der Erwachsenenbildung, Bd. 4).

Giesecke, Hermann: Allgemeinbildung, Berufsbildung, politische Bildung – ihre Einheit und ihr Zusammenhang. In: Leitlinien. 1972, S. 92 - 109.

Gieseke, Wiltrud: Adressatenorientierung als Bildungsauftrag. In: VHSiW 1986, 331 - 336.

Görs, Dieter: Bildungsurlaub als Teil emanzipatorischer Bildung. In: VHSiW 1986, 336 - 339.

— Zur politischen Kontroverse um den Bildungsurlaub. Köln 1978.

Grasser, Walter: Zur Problematik der Erwachsenenbildung im bayerischen Kommunalrecht. I. In: BayVBl. 1978, 323 - 326.

Griese, Helmut: Erwachsenensozialisation. München 1976.

Grimm, Dieter: Kulturauftrag im staatlichen Gemeinwesen. In: VVDStRL 42, 1984, 46 - 82.

Grundlagen der Weiterbildung. Recht. Neuwied. Loseblattslg.

Güttler, Rainer: Zur verfassungsrechtlichen Einordnung des Bildungsurlaubs. Die Verfassungsbeschwerde gegen das Arbeitnehmerweiterbildungsgesetz in Nordrhein-Westfalen. In: EB 1986, 99 - 105, 159 - 161, 218 - 226.

Güttler, Rainer / *Spitzner,* Ernst-Ludwig: Pluralismus in der Erwachsenenbildung – Die Aufgaben der freien Träger. In: RdJB 1981, 408 - 416.

Gutsche, Heinz: Volkshochschule und kommunale Selbstverwaltung in Deutschland. Eine Zwischenbilanz. In: AfK 1965, 220 - 245.

Häberle, Peter: Erziehungsziele und Orientierungswerte im Verfassungsstaat. Freiburg / München 1981.

— Grundrechte im Leistungsstaat. In: VVDStRL 30, 1972, 43 - 141.

— Die Verfassung des Pluralismus. Königstein/Ts. 1980.

— Vom Kulturstaat zum Kulturverfassungsrecht. In: Kulturstaatlichkeit und Kulturverfassungsrecht. Hrsg. v. P. Häberle. Darmstadt 1982, S. 1 - 59.

Haenisch, Konrad: Neue Bahnen der Kulturpolitik. Aus der Reformpraxis der deutschen Republik. Stuttgart, Berlin 1921.

Hafeneger, Benno: Bildungsurlaub – Gesetze, politische und pädagogische Entwicklung. In: RdJB 1981, 365 - 371.

Hamacher, Paul: Entwicklungsplanung für Weiterbildung. Braunschweig 1976.

Hamm-Brücher, Hildegard / *Edding,* Friedrich: Reform der Reform – Ansätze zum bildungspolitischen Umdenken. Köln 1973.

Hdb. der kommunalen Wissenschaft und Praxis. 2. A. Hrsg. v. Günter Püttner. Berlin, New York 1981 - 1986.

Hdb. des Staatsrechts der Bundesrepublik Deutschland. Hrsg. v. Josef Isensee / Paul Kirchhof. Bd. I. Heidelberg 1987. Bd. II. Heidelberg 1987.

Handwörterbuch der Erwachsenenbildung. Hrsg. v. Ingeborg Wirth. Unter Mitarbeit von Hans-Hermann Groothoff. Paderborn 1978.

Helmer, Elvira: Kooperation in der Erwachsenenbildung. Opladen 1978 (Forschungsberichte des Landes Nordrhein-Westfalen Nr. 2734/Fachgruppe Wirtschafts- und Sozialwissenschaften).

Hennigsen, Jürgen: Der Hohenrodter Bund. Zur Erwachsenenbildung in der Weimarer Zeit. Heidelberg 1958.

— Die Neue Richtung in der Weimarer Zeit. Dokumente und Texte von Robert von Erdberg, Wilhelm Flitner, Walter Hofmann, Eugen Rosenstock-Huessy. Stuttgart 1960.

Henrich, Franz: Gefährliche Entwicklung in der bayerischen Erwachsenenbildung. Kommunalisierung der Volkshochschulen. Verweigerung von Zuschüssen für alle Träger der Erwachsenenbildung. In: EB 1977, 92 - 96.

Heymann, Klaus-Dieter / *Stein,* Ekkehart: Das Recht auf Bildung. Dargestellt am Beispiel der Schulbildung. In: AöR 97, 1972, 185 - 232.

Hürten, Heinz / *Beckel,* Albrecht: Struktur und Recht der deutschen Erwachsenenbildung. Darstellung, Gesetzestexte, Dokumentation. Osnabrück 1966 (= 2. A. von „Die Struktur der deutschen Erwachsenenbildung und ihre Rechtsgrundlagen", 1958).

Janson, Bernd: Die Pflicht des Staates zur Bereitstellung von Ausbildungsstätten und ihre Grenzen. Speyer 1980 (Speyrer Forschungsberichte 17).

Jüchter, Heinz Theodor: Kooperation und Verantwortung für ein bedarfsgerechtes Weiterbildungsangebot. In: Forum Weiterbildung. 1979, S. 135 - 145.

— Volkshochschule als Aufgabe der Kommmunalpolitik − Trägerinteressen und Programmfreiheit. In: HBV 1979, 333 - 337.

Kadelbach, Gerd: Neue Medien und Weiterbildung. In: HBV 1986, 205 - 206.

Karpen, Ulrich: Auslegung und Anwendung des Grundgesetzes. Vom liberalen Rechtsstaat zum demokratischen Sozialismus. Berlin 1987 (Hamburger Rechtsstudien, H. 74).

— Lebenslanges Lernen und Verfassungsrecht. In: RdJB 1979, 430 - 447.

— Rechtsfragen des lebenslangen Lernens. Tübingen 1979 (Recht und Staat 490/91).

Keim, Helmut / *Olbrich,* Josef / *Siebert,* Horst: Strukturprobleme der Weiterbildung. Kooperation, Koordination und Integration in Bildungspolitik und Bildungsplanung. Düsseldorf 1973.

Keim, Helmut / *Urbach,* Dietrich: Volksbildung in Deutschland 1933 - 1945. Einführung und Dokumente. Braunschweig 1976.

— / — Zur rechtlichen und politischen Bedeutung eines pluralen Weiterbildungssystems. In: RdJB 1981, 344 - 350.

Klaus-Roeder, Rosemarie: Sozialräumliche Strukturen und Weiterbildung − am Beispiel der Volkshochschule in Hessen. Baden-Baden 1983.

Knoll, Joachim H.: Akzente der Erwachsenenbildungspolitik in inter- und supranationalen Organisationen. In: RdJB 1981, 417 - 425.

— Erwachsenenbildung. Aufgaben, Möglichkeiten, Perspektiven. Stuttgart u. a. 1972 (UTB 147).

Knoll, Joachim / *Pöggeler,* Franz / *Schulenberg,* Wolfgang: Erwachsenenbildung und Gesetzgebung. Entstehung, Praxis und Auswirkung des Niedersächsischen Gesetzes zur Förderung der Erwachsenenbildung (1970 - 1981). Köln, Wien 1983 (Beihefte zum IJEB, Bd. 5).

Köttgen, Arnold / *Dolff,* Helmuth / *Küchenhoff,* Werner: Die Volkshochschule in Recht und Verwaltung. Stuttgart 1962.

Kohli, Martin: Erwachsenensozialisation. In: EE 1984, S. 124 - 142.

Koslowski, Peter: Gesellschaft und Staat. Ein unvermeidlicher Dualismus. Mit einer Einführung von Robert Spaemann. Stuttgart 1982.

Krausnick-Horst, Renate: Aufgaben und Grenzen von Landesarbeitsgemeinschaften. In: Forum Weiterbildung. 1979, S. 146 - 154.

Kühn: Volksbildung. In: Hdb. der Verfassung und Verwaltung in Preußen und dem Deutschen Reiche. 25. A. Berlin 1930, S. 542 - 576.

Kuhlenkamp, Detlef: Die Weiterbildungsgesetze der Länder. Analysen, Dokumente, Materialien. Frankfurt a. M. (PAS) 1984.

— Weiterbildung zwischen Förderung und Gewährleistung. Zu den Weiterbildungsgesetzen der Länder. In: RdJB 1983, 113 - 125.

Kursleiter-Initiative. Nebenamtler wehren sich. Ein exemplarischer Arbeitskampf an einer „progressiven" VHS. In: Bildungsarbeit mit Erwachsenen. 1977, S. 333 - 358.

Laack, Fritz: Das Zwischenspiel freier Erwachsenenbildung: Hohenrodter Bund und Deutsche Schule für Volksforschung und Erwachsenenbildung in der Weimarer Epoche. Bad Heilbrunn 1984.

Landé, Walter: Bildung und Schule. In: Die Grundrechte und Grundpflichten. Dritter Band. Berlin 1930, S. 1 - 98.

Lange, Andreas: Die verfassungsrechtlichen Grundlagen der freien Träger der Erwachsenenbildung. Diss. Köln 1977.

Lehmann, Monika: Das „integrative Konzept". In: Tb. der Erwachsenenbildung, 1982, S. 318 - 339.

Leisner, Walter: Mitbestimmung im öffentlichen Dienst. Bad Godesberg 1970.

Leitlinien der Erwachsenenbildung. Braunschweig 1972.

Losch, Bernhard: Kommunale Kompetenzprobleme. Staatlicher Einfluß und Dirigismus am Beispiel der Weiterbildung. In: VA 1987, 145 - 160.

— Weiterbildung als kommunale Aufgabe. Köln u. a. 1985.

— Weiterbildung als kommunale Pflichtaufgabe. In: AfK 1986, 39 - 63.

Losch, Bernhard / *Gerber,* Jürgen: Mitbestimmung und Mitwirkung in Volkshochschulen. In: DVBl. 1986, 271 - 278.

Mader, Wilhelm: Zielgruppenorientierung und Teilnehmergewinnung. In: Tb. der Erwachsenenbildung. 1982, S. 82 - 99.

Maier, Hans: Bildungskatastrophe heute und morgen? Köln 1980 (Gesellschaftspol. Schriftenr. des AGV Metall Köln, 14).

Maihofer, Werner: Kulturelle Aufgaben des modernen Staates. In: Hdb. des Verfassungsrechts der Bundesrepublik Deutschland. Berlin, New York 1983, S. 953 - 997.

Martens, Wolfgang: Grundrechte im Leistungsstaat. In: VVDStRL 30, 1972, 7 - 42.

Maunz, Theodor: Erwachsenenbildung im bayerischen Kommunalrecht. In: BayVBl. 1978, 65 - 68, 327 - 329.

Mausbach, Joseph: Kulturfragen in der deutschen Verfassung. Eine Erklärung wichtiger Verfassungsartikel. M. Gladbach 1920.

Meder, Theodor: Die Verfassung des Freistaates Bayern. Handkommentar. 3. A. Stuttgart u. a. 1985.

Meister, Johannes-Jürgen: Stand der Erwachsenenbildung in Bayern. Empirisch-statistische Analyse einer kritischen Bestandsaufnahme der Erwachsenenbildung in Bayern. Stuttgart 1971.

— Freiheit vom Staat – Förderung durch den Staat – Analyse des Erwachsenenbildungsgesetzes in Bayern. In: ASB 1975, 55 - 60.

Menzel, Eberhard: Gutachten über den Erlaß eines Volkshochschulgesetzes des Landes Schleswig-Holstein dem Landesverband der Volkshochschulen Schleswig-Holstein e. V. erstattet. Kiel 1963.

Müller, Friedrich / *Pieroth*, Bodo / *Fohmann*, Lothar: Leistungsrechte im Normbereich einer Freiheitsgarantie. Untersucht an der staatlichen Förderung Freier Schulen. Berlin 1982.

Nebinger, Robert / *Eisenmann*, Alfred / *Löffler*, Eugen / *Weeber*, Rudolf: Kommentar zur Verfassung für Württemberg-Baden. Stuttgart 1948.

Nuissl, Ekkehard / *Sutter*, Hannelore: Rechtliche und politische Aspekte des Bildungsurlaubs. Heidelberg (AfeB) 1984.

— / — Teilnahme am Bildungsurlaub. Die Entwicklung von Teilnehmern und Angeboten in den fünf Bundesländern mit Bildungsurlaubsgesetzen. Heidelberg (AfeB) 1984.

Oppermann, Thomas: Auf dem Wege zur gemischten Rundfunkverfassung in der Bundesrepublik Deutschland? – Schritte im rundfunkrechtlichen Entwicklungsprozeß vor dem Hintergrund der drei „Fernsehentscheidungen" des Bundesverfassungsgerichts 1961 - 1981. – In: JZ 1981, 721 - 730.

— Bildung. In: Besonderes Verwaltungsrecht. Hrsg. v. I. v. Münch. 7. A. Berlin, New York 1985, S. 687 - 747.

— Ergänzung des Grundgesetzes um eine Kultur(Staats)Klausel? In: Festschrift für Otto Bachof zum 70. Geburtstag am 6. März 1984. Hrsg. v. Günter Püttner u. a. München 1984, S. 3 - 19.

— Kulturverwaltungsrecht. Bildung – Wissenschaft – Kunst. Tübingen 1969.

— Nach welchen rechtlichen Grundsätzen sind das öffentliche Schulwesen und die Stellung der an ihm Beteiligten zu ordnen? Gutachten zum 51. Deutschen Juristentag. München 1976.

Otto, Volker: Örtliche und überörtliche Volkshochschulen in Landkreisen. Exposé zur Organisation einer flächendeckenden Versorgung in der Weiterbildung. Frankfurt a. M. (PAS) 1974.

— Weiterbildung im Rahmen kommunaler Zusammenarbeit auf dem Lande. In: Zukunftsaufgabe Weiterbildung. 1980, S. 77 - 86.

Pappermann, Ernst: Volkshochschularbeit als kommunale Verpflichtung. In: HBV 1982, 299 - 308.

Picht, Georg: Die deutsche Bildungskatastrophe. Analyse und Dokumentation. Olten und Freiburg i. Br. 1964.

Picht, Werner: Das Schicksal der Volksbildung in Deutschland. 2. A. Braunschweig u. a. 1950.

Pöggeler, Franz: Erwachsenenbildung. Einführung in die Andragogik. Stuttgart u. a. 1974 (Hdb. der Erwachsenenbildung, Bd. 1).

— Gesellschaftstheoretische Legitimation der pluralen Struktur demokratischer Erwachsenenbildung. In: Legitimationsprobleme in der Erwachsenenbildung. Hrsg. v. Josef Olbrich. Stuttgart u. a. 1980, S. 87 - 112.

Psychologie für die Erwachsenenbildung – Weiterbildung. Ein Handbuch in Grundbegriffen. Göttingen u. a. 1986.

Püttner, Günter: Kontrolle der Studentenwerke durch Mitbestimmung. In: Autonomie öffentlicher Unternehmen in Anstaltsform. Hrsg. v. Albert v. Mutius. Baden-Baden 1987, S. 157 - 164.

— Mitbestimmung in kommunalen Unternehmen. In: HKWP 5. 1984, S. 184 - 193.

— Die Mitbestimmung in kommunalen Unternehmen unter dem Grundgesetz. Rechtsgutachten unter Mitwirkung von Peter Wössner. Frankfurt a. M. 1972.

— Die Mitbestimmung in öffentlichen und gemeinwirtschaftlichen Unternehmen. In: ZögU, Beih. 3. 1980, S. 71 - 86.

— Mitbestimmung in öffentlichen Unternehmen – wieder aktuell. In: ZögU 1984, 227 - 241.

— Mitbestimmung und Mitwirkung des Personals in der Verwaltung. In: „Demokratisierung" und Funktionsfähigkeit der Verwaltung. Hrsg. v. Hans-Joachim v. Oertzen. Stuttgart 1974, S. 73 - 94.

— Die öffentlichen Unternehmen. Ein Handbuch zu Verfassungs- und Rechtsfragen der öffentlichen Wirtschaft. 2. A. Stuttgart u. a. 1985.

— Selbstverwaltung und Mitbestimmung. In: Selbstverwaltung im Staat der Industriegesellschaft. Festgabe zum 70. Geburtstag von Georg Christoph v. Unruh. Hrsg. v. Albert v. Mutius. Heidelberg 1983 (Schriftenr. des Lorenz-von-Stein-Instituts für Verwaltungswissenschaften, Kiel, Bd. 4), S. 171 - 182.

— Toleranz als Verfassungsprinzip. Prolegomena zu einer rechtlichen Theorie des pluralistischen Staates. Berlin 1977 (Schriftenr. der Hochschule Speyer, Bd. 62).

— Zur Mitbestimmung in öffentlich-rechtlich organisierten Unternehmen. In: DVBl. 1984, 165 - 169.

Püttner, Günter / *Lingemann,* Stefan: Aktuelle Probleme der Zulassung zu öffentlichen Einrichtungen. In: JA 1984, 121 - 129, 274 - 277.

Ramm, Thilo: Bildung, Erziehung und Ausbildung als Gegenstand von Grundrechten. In: Festschrift für Erwin Stein. Bad Homburg v. d. H. 1983, S. 239 - 274.

Reuter, Lutz-Rainer: Soziales Grundrecht auf Bildung? Ansätze eines Verfassungswandels im Leistungsstaat. In: DVBl. 1974, 7 - 19.

— Weiterbildungsberatung, kommunale. In: Handwörterbuch zur Kommunalpolitik. Opladen 1984, S. 500 - 503.

Richter, Ingo: Bildungsverfassungsrecht. Studien zum Verfassungswandel im Bildungswesen. Stuttgart 1973.

— Öffentliche Verantwortung für berufliche Bildung. Zur Bestandsgarantie und zur gesetzlichen Regelung der privaten beruflichen Bildung. Hrsg. v. Deutschen Bildungsrat. Stuttgart 1970 (Gutachten und Studien der Bildungskommission, Bd. 14).

Rüther, Günther: Staat und Erwachsenenbildung. Eine Untersuchung zur Stellung der Träger im sozialen Rechtsstaat. Diss. Bonn 1979.

Rupp, Hans Heinrich: Die Unterscheidung von Staat und Gesellschaft. In: Hdb. des Staatsrechts. Bd. I. 1987, S. 1187 - 1223.

Ruprecht, Horst: Was soll und vermag Erwachsenenbildung in einer pluralen Gesellschaft. Inhaltliche Konturen des vierten Bildungsbereichs. In: Erwachsenenbildung in der pluralen Gesellschaft. 1978, S. 406 - 429.

Sarges, Werner: Zielgruppenbildung. In: Psychologie für die Erwachsenenbildung–Weiterbildung. 1986, S. 609 - 616.

Sauberzweig, Dieter: Bildungsreform und Stadtkultur. Braunschweig 1978.

— Gesellschaftlicher Wandel. Neue Probleme für die Erwachsenenbildung. In: Das Forum 1986, 19 - 25.

— Thesen zur kommunalen Volkshochschule. In: ST 1975, 183 - 188.

Sauer, Johannes M.: Erwachsenenbildung. Stand und Trend der Forschung in der Bundesrepublik Deutschland. Göttingen 1976 (Stiftung Volkswagenwerk).

Schlaich, Klaus: Neutralität als verfassungsrechtliches Prinzip vornehmlich im Kulturverfassungs- und Staatskirchenrecht. Tübingen 1972.

Schmidt, Richard: Förderung der Erwachsenenbildung. Materialien zu einem Kommentar des Artikels 17 der Verfassung des Landes Nordrhein-Westfalen unter Berücksichtigung der Erwachsenenbildungsartikel der Verfassungen der übrigen Bundesländer. Siegburg 1953.

Schmidt-Eichstaedt, Gerd: Die Rechtsqualität der Kommunalaufgaben. In: HKWP 3. 1983, S. 9 - 30.

Schmitz, Enno: Erwachsenenbildung als lebensweltbezogener Erkenntnisprozeß. In: EE 1984, S. 95 - 123.

— Zur Begründung von Weiterbildung als einer „recurrent education". In: UP, S. 53 - 57.

Scholz, Rupert: Das Wesen und die Entwicklung der gemeindlichen öffentlichen Einrichtungen. Zugleich ein Beitrag zur Lehre von der Garantie der kommunalen Selbstverwaltung (Art. 28 Abs. 1 GG). Berlin 1967.

Schulenberg, Wolfgang: Gesellschaftliche Anforderungen an die Weiterbildung – Nachfrage, Angebot und Bedarf. In: Grundpositionen und Perspektiven in der Erwachsenenbildung. Hrsg. v. Klaus Kürzdörfer. Bad Heilbrunn 1981, S. 74 - 89.

Schwerdtfeger, Johannes / *Andräs,* Hans-Jürgen: Bestandsaufnahme zu Erwachsenenbildung. Villingen 1970 (Bildung in neuer Sicht, Reihe A, Nr. 22).

Senzky, Klaus: Mitbestimmung in der kommunalen Volkshochschule. In: VHSiW 1972, 64 - 67.

— Rechtsgrundlagen der Erwachsenenbildung. In: Tb. der Erwachsenenbildung. 1982, S. 12 - 36.

— Volkshochschule als kommunale Aufgabe. In: HBV 1982, 285 - 298.

Siebert, Horst: Erwachsenenbildung. In: Tb. der Pädagogik 1. Baltmannsweiler 1986, S. 155 - 165.

Spitta, Theodor: Kommentar zur Bremischen Verfassung von 1947. Bremen 1960.

Staatszielbestimmungen/Gesetzgebungsaufträge. Ber. d. Sachverständigenkommission. Hrsg. v. Bundesminister d. Innern u. Bundesminister d. Justiz. Bonn 1983.

Stand und Perspektiven der beruflichen Weiterbildung in der Bundesrepublik Deutschland. Entwicklung und Einsatz von Humanressourcen als Folge und Voraussetzung von strukturellem und technologischem Wandel. Hrsg. v. Bundesmin. f. Bildung und Wissenschaft. Bad Honnef 1984.

Starck, Christian: Grundrechtliche und demokratische Freiheitsidee. In: Hdb. des Staatsrechts. Bd. II. 1987, S. 3 - 27.

Steiner, Udo: Kulturauftrag im staatlichen Gemeinwesen. In: VVDStRL 42, 1984, 7 - 45.

Stober, Rolf: Kommunalrecht. Heidelberg 1987.

Strukturplan für das Bildungswesen. Hrsg. v. Deutschen Bildungsrat. Bonn 1970 (Empfehlungen der Bildungskommission).

Strukturplan für den Aufbau des öffentlichen Weiterbildungssystems in der Bundesrepublik Deutschland. Vorgelegt vom Arbeitskreis Strukturplan Weiterbildung. Köln 1975.

Strunk, Gerhard / *Sarges*, Werner / *Haeberlin*, Friedrich: Programm- und Angebotsplanung. In: Psychologie für die Erwachsenenbildung–Weiterbildung. 1986. S. 442 - 450.

Strzelewicz, Willy: Forschungen über Erwachsenenbildung in Deutschland. In: IJEB 1969, 140 - 159 (= In: Erwachsenenbildung in der pluralen Gesellschaft. 1978, S. 242 - 266).

— Technokratische und emanzipatorische Erwachsenenbildung. In: Leitlinien. 1972, S. 134 - 149.

Süsterhenn, Adolf / *Schäfer*, Hans: Kommentar der Verfassung für Rheinland-Pfalz. Koblenz 1950.

Sutor, Bernhard: Neue Grundlegung politischer Bildung. Bd. 1, 2. Paderborn u. a. 1984.

Taschenbuch der Erwachsenenbildung. Hrsg. v. Ekkehard Nuissl. Baltmannsweiler 1982.

Tietgens, Hans: Angebotsplanung. In: Tb. der Erwachsenenbildung. 1982, S. 122 - 144.

— Einleitung in die Erwachsenenbildung. Darmstadt 1979.

— Die Erwachsenenbildung. München 1981 (Grundfragen der Erziehungswissenschaft, Bd. 14).

— Gegenwartsaufgaben der Erwachsenenbildung. Technologische Entwicklung und menschliche Gestaltung. In: VHSiW 1986, 319 - 322.

— Institutionelle Strukturen der Erwachsenenbildung. In: EE 1984, S. 287 - 302.

— Orientierungsgesichtspunkte zur Weiterbildungsdiskussion. In: UP, S. 11 - 35.

Tietgens, Hans / *Mertineit*, Walter / *Sperling*, Dieter: Zukunftsperspektiven der Erwachsenenbildung. Braunschweig 1970.

Umrisse und Perspektiven der Weiterbildung. Hrsg. v. Deutschen Bildungsrat. Stuttgart 1975.

Vesper, Emil: Erwachsenenbildung (Volkshochschulen). In: HKWP 4. 1983, S. 195 - 219.

— Instrumente zur Ermittlung von Indikatoren für ein kommunales Weiterbildungsangebot. Paderborn 1979 (WEP 9).

Vogel, Martin Rudolf: Volksbildung im ausgehenden 19. Jahrhundert. Ein Beitrag zur Theorien- und Institutionengeschichte. Stuttgart 1959.

Weinberg, Johannes: Stand der Forschung über Erwachsenenbildung. In: EE 1984, S. 27 - 42.

Weinreich: Volksbildung. In: Handwörterbuch der Kommunalwissenschaften. 4. Bd. Jena 1924, S. 382 - 389.

Weishaupt, Horst: Sozialraumanalyse und regionale Bildungsplanung. Baden-Baden 1983.

Weiterbildung. Herausforderung und Chance. Bericht der Kommission „Weiterbildung", erstellt im Auftrag der Landesregierung Baden-Württemberg. Stuttgart 1984.

Weiterbildung 1972 - 1974. Hrsg. v. Statistischen Landesamt Baden-Württemberg. Stuttgart 1977 (Statistik von BW, Bd. 237).

Weiterbildungsbedarf im Medienbereich. Tagungsergebnisse, Beiträge, Stellungnahmen. Hrsg. v. Jörg Hennig u. a. Hamburg (Univ.) 1986 (uni hh weiterbildung 2).

Weiterbildungsberatung als kommunale Aufgabe. Aufbau, Aufgaben, Personal- und Sachausstattung einer Beratungsstelle für Weiterbildung. Hrsg. v. Bundesmin. f. Bildung Wissenschaft. Bad Honnef 1981 (Schriftenr. Bildungsplanung 38).

Weitkamp, Paul: Bedarfsermittlung für alternative Angebote aus Sicht der VHS. In: VHSiW 1986, 12 - 15.

Werkstatt Weiterbildung. 1. Thema: Management und Verwaltung. Hrsg. v. Gerwin Dahm u. a. München 1982.

Wörterbuch der Weiterbildung. Hrsg. v. Gerwin Dahm u. a. München 1980.

Zacher, Hans: Das soziale Staatsziel. In: Hdb. des Staatsrechts. Bd. I. 1987, S. 1045 - 1111.

Zukunftsaufgabe Weiterbildung. Hrsg. v. Lothar Beinke u. a. Weil der Stadt 1980.

Zukunftsperspektiven gesellschaftlicher Entwicklungen. Bericht der Kommission im Auftrag der Landesregierung von BW. Stuttgart 1983.

Zur Situation und Aufgabe der deutschen Erwachsenenbildung. Bonn 1960 (= In: Empf. u. Gutacht. des Deutschen Ausschusses für das Erziehungs- und Bildungswesen 1953 - 1965. Gesamtausg. Stuttgart 1966, S. 857 - 929).

Printed by Libri Plureos GmbH
in Hamburg, Germany